한낮의 꿈

한밤의 갈증

2025. 여름

박홍응

탁구를 읽자

탁구를 읽자

박현욱 산문

난다

차례

들어가며 7

1부 탁구를 치자

왠지 탁구가 있어 보였던 것이다   17
그때 탁구는 고작 중학생의 놀이였을까   25
학생회관 사층에 탁구장이 있었다   31
어느 날 회사에 탁구대가 들어왔다   37
마룻바닥이 깔려 있는 탁구장은 처음이었다   43
당신의 탁구를 보여주면 당신이 어떤 사람인지 알려주겠다   49
탁구의 이데아   57
탁구장에서는 안 그랬는데   65
탁구 후의 맥주란   73
한낮의 우울, 한밤의 탁구   87
탁구장이 있는 가장 가까운 곳이 강릉이었다   95
탁구는 몸을 써서 땀을 흘리는 일이다   105
탁구 잘 치는 인간들이 왜 그리 많은 건지   111
그렇게 우리, 탁구를 치자   119

2부 **탁구를 읽자**

탁구의 기원　**125**
작고 가벼운 탁구공 하나　**131**
살아 있는 탁구 라켓의 전설, 비스카리아　**143**
탁구 러버도 비싼 게 좋은 거다　**155**
탁구는 '라바빨'이기도 하고　**167**
인생은 한 방, 탁구도 한 방　**183**
한국 탁구가 가장 빛났던 순간　**195**
대통령 영부인배 여성 탁구대회라는 것도 생겼다　**201**
지구를 들어올린 탁구공, 박영순　**215**
탁구의 바나나, 탁구의 스트로베리　**221**
탁구 사상 가장 경이로운 풋워크　**227**
탁구의 나라들이 그에게서 탁구를 배웠다　**235**

나가며　**245**

들어가며

○

오래전 중학생 시절, 외모 고민이 시작되었다. 이유는 간단했다. 내가 다녔던 교회 여중생들이, 그것도 내가 좋아했던 그녀들이 곱상하게 생긴 친구 두 명만 좋아하는 거였다. 내 외모는 곱상과는 거리가 멀었다. 어쩌겠는가. 그 두 친구를 부러워할밖에.

고등학생이 되었다. 여고생이 된 그녀들은 더이상 곱상한 남학생을 좋아하지 않았다. 더이상 곱상한 친구들을 부러워하지 않아도 되었다. 그렇다면 이제 내게 기회가?

그건 아니었다. 그녀들은 재능 있는 친구들을 좋아하기 시작했다. 기타 치는 친구, 밴드를 하는 친구, 중창단을 하는 친구 등등. 주로 음악적 재능이 있는 친구들이, 오빠들이 그녀들의 관심을 끌었다. 그녀들은 성장했다. 적어도 남자를 보는 안목에 있어서는.

 다른 재능에 비해 음악적 재능은 남에게 보여주기 쉽다는 장점이 있다. 성장기 사내애들이 기타를 배우는 이유는 대동소이하다. 그저 여자애들에게 잘 보이기 위해서다. 그중 일부는 타고난 음악적 재능을 발현시키기 위해, 하지만 결국 그럼으로써 여자애들에게 잘 보이기 위해서 기타를 배우기도 한다. 그들 중 극히 일부만이, 그러니까 백 명 중에 한두 명 정도나 오로지 음악적 목적으로 기타를 배울 거다.

 나도 기타를 배웠다. 대동소이한 이유로. 종로에 있는 기타학원에 서너 달 다녔다. 안타깝게도 내게는 음악적 재능이 없었다. 다른 재능도 없었다. 다재도 다능도 나와는 먼 거리에 있었다. 곱상만큼이나.

 글도 못 썼다. 사실이다. 글짓기 상장을 받아본 적이 없었다. 그래서 문예부 같은 데 들어갈 생각도 못했다. 문예부에 들어간 친구들을 보니 다른 학교의 문예부 여고생들을 만날 일이 제법 있는 것이었다. 나름 틈새시장이었다. 하지만 그 틈새시장도 나와는 거리가 있었다.

외모 고민이 사라진 건 대학 시절이었다. 갑자기 미남이 된 것은 아니었다. 다재와 다능이 뒤늦게 발현된 것도 아니었다. 시국이 시국이니만큼 개인의 외모에 관심을 가지는 것도 사치라고 생각해서 무관심해진 때문도 아니었다. 해결은 간단했다. 어찌어찌 연애를 하게 되니 고민할 필요가 없게 된 것이었다.

외모가 고민이 되는 것은 그녀들 때문이었다. 내가 좋아하고 있는 그녀, 그리고 훗날 내가 좋아하게 될 가능성이 높은 그녀, 그녀들. 그녀들만 아니면 고민할 이유가 없었다.

내 외모에 대한 고민은 혼자만의 것이었다. 내가 다른 이들 외모에 별 관심이 없듯이 다른 이들도 내 얼굴에 별 관심이 없었다. 특별히 잘생긴 한둘 외에는 모두 서로가 고만고만하다고들 여겼다. 우리끼리는 외모로 인한 우월감도, 열등감도 가질 일이 딱히 없었다. 그러하다보니 특정한 그녀와 특정한 관계가 되자 저절로 고민이 사라지게 된 것이다. 좋아하는 여자를 사귈 만한 외모라면 충분히 훌륭하지 않겠는가.

동서고금을 막론하고 용모가 사람들의 관심사가 아니었던 시공간은 없다. 출중한 외모는 어디서든 언급과 동경의 대상이었다. 인생의 어느 시절에든 주변에 잘생긴 친구들이 한둘은 있기 마련이다. 그때마다 저 친구 인물 괜찮다는 얘기가 나오곤 했다. 내가 그 주인공이었던 적은 물론 단 한 번도 없었다.

사실 잘생겼다는 얘기를 들어본 적이 전혀 없었던 것은 아니다. 사귀고 나서 시간이 좀 지났을 때 그렇게 말하던 그녀들이 한둘 있었다. 그러니까 나는 특정한 그녀들에게만 일정 기간 뒤에야 비로소 빛을 발하는 외모의 소유자인 것이다. 나는 그걸 알고 있다. 혹은 그렇게 알고 있었다.

그런데 최근 몇 년 사이에 그런 얘기를 들은 적이 여러 차례 있다. 처음 보는 사람들에게. 듣기 좋으라고 하는 빈말이려니 했다. 뭐, 나도 사실과 약간 거리가 있는 빈말들을 하지 않는 것은 아니니 말이다. 그런데 몇 번 듣다보니 또 예전부터 알던 이들에게 듣기도 하다보니 어쩌면 그들 말이 사실일지도 모른다고 생각하게 되었다.

결정적으로 내가 내 얼굴을 보다가 스스로 잘생겼다는 걸 깨닫게 되었다. 늦은 밤 아파트 엘리베이터를 타고 집으로 올라올 때면 거울을 보며 외모에 감탄한다. 얼굴에서 빛이 난다.

내가 이렇게 뒤늦게 잘생겨진 이유를 생각해보았다. 우선 경쟁자들이 약해졌다. 남자 나이가 어느 정도 되면 더이상 미모가 외모 평가의 절대 기준이 되지 못한다. 머리숱이 어느 정도 있고 배가 조금 덜 나온 아저씨라면 아주 나빠 보이지는 않는 것이다.

또 나는 일찍부터 노안이었다. 십대 후반부터 이십대 중반까지 대략 스물다섯의 얼굴로 살았다. 이후 십여 년간은 또 대략 삼십대의 얼굴로 살았다. 삼십대 중반부터 비로소 제 나이처럼 보이는 얼굴이 되었다. 그러다가 마흔이 넘어가면서는 보너스처럼 내 시대가 열리기 시작했다. 나이보다 어려 보이는 삶이 시작된 것이다. 아마 햇빛을 덜 본다는 직업적 특성 때문일 수도. 하지만 그것만으로 얼굴이 빛나는 건 아니다.

늦은 밤 엘리베이터의 거울에 빛나는 얼굴이 나타나는 결정적인 이유는 바로 탁구 때문이다. 땀을 흘리며 즐겁게 탁구를 치고 난 뒤의 얼굴이라 그런 것이다. 탁구를 치면 즐거워진다. 즐거운 마음으로 하는 운동이라 표정이 좋아진다. 표정이 좋아지면 인상이 좋아지고 인상이 좋아지면 더 잘생겨 보이는 것이다.

운동이라고 하지만 탁구는 놀이에 더 가깝다. 모든 구기 종목은 본질적으로 공놀이다. 호모 파베르는 바퀴를 만들었고 호모 루덴스는 공을 만들었다. 공은 호모 루덴스 최고의 걸작이다. 공은 인간을 아주 쉽게 행복하게 한다.

탁구는 네트 스포츠의 특성상 몸싸움이 없어서 부상 위험이 덜하다. 탁구는 실내 스포츠라 자외선으로부터 안전하다. 눈비가 와도 상관없이 할 수 있다는 편의성도 있다. 탁구는 나름 타격기 운동이라 탁구공을 때리다보면 경쾌한 소리와 함께 스트레스가 날아간다. 그렇게 탁구가 일상으로 들어오면 표정이 좋아진다. 인상이 좋아진다. 잘생긴 것처럼 보인다. 그에 더해 다이어트도 된다. 배도 들어간다.

운동을 하자. 기왕 하는 운동, 재미를 느낄 수 있는 종목으로 하자. 기왕 하는 운동, 탁구를 치자. 탁구공은 우리를 아주 쉽게 행복하게 한다. 더불어 웃으면서 운동을 하자. 즐거운 마음으로 오래오래 하자. 빛나는 얼굴로 살아보자. 그러니까 우리, 탁구를 치자.

1부

탁구를 치자

왠지 탁구가 있어 보였던 것이다

○

작고 하얀 공 하나가 높이 올라가면 새로운 세계가 시작된다. 2.7그램, 직경 40밀리미터. 하얀 공은 작고 가벼워서 라켓을 살짝 갖다대기만 해도 탁구대 밖으로 넘어가기 일쑤다. 하지만 제대로 톱스핀이 걸려 날아오는 공은 힘있고 묵직하다. 스매싱으로 일직선으로 날아오는 공은 빠르고 치명적이다. 다양한 스핀이 걸린 공은 살아 있는 듯 현란하게 움직인다.

모든 구기 종목 중에서 가장 작고 가장 가벼운 공이 탁구공이다. 훅 불면 날아가는 이 가벼운 공을 손바닥보다 조금 큰 라켓으로 다루는 종목이 탁구다. 공이 작고 가벼운 만큼 섬세함과 정교함이 요구된다.

말은 쉽지만 섬세와 정교를 탁구에서 구현한다는 것은 실로 쉽지 않다. 탁구 한 게임 하다보면 한마디로 섬세는 나발이고 정교는 개뿔이 된다. 쉽지 않은 만큼 좀처럼 실력이 늘지 않는다. 실력이 늘기를 바라는 마음이 클수록 푸념 또한 늘어날 수밖에 없다. 초보가 아닌 이상, 또 매일같이 서너 시간을 탁구장에서 보내지 않는 이상 여간해서는 늘지 않는다. 이 어려운 걸 왜 시작했을까.

십 년 전 내 건강은 형편없었다. 큰 병은 없었지만 소소하게 골골거리곤 했다. 계절마다 한두 번은 감기에 걸렸다. 감기에 좋다는 이런저런 것들을 다 해봤지만 결국 자연 치유가 될 때까지 열흘에서 보름 가까이 고생해야만 했다.

삼십대 중반부터 생긴 갑상선기능항진증 때문에 운동을 할 수 있는 상태가 아니긴 했다. 그 증상이 생긴 시기를 기억한다. 첫 단편 청탁을 받았을 때였다. 원고 스트레스로 인한 발병이었을 가능성이 높다. 말하자면 일종의 산업 재해다. 증상이 심할 때는 집에서 나와 몇 걸음만 걸어도 피곤해져서 다시 돌아가야 했다. 운동은 생각도 할 수 없었다.

하지만 몸의 상태와는 무관하게 그 이전부터 생활 속에서 운동을 최소화하는 언행일치적 삶을 수십 년간 유지하고 있었다. 속초에 몇 번을 갔어도 설악산에 올라간 적이 없고, 제주에 몇 번을 갔어도 한라산에 올라본 적이 없었다. 일행 중에 나 같은 사람이 한둘은 더 있어서 우리는 산 밑에서, 평지에서 따로 노닥거렸다. 그렇게 세월을 보내다보니 기본 체력은 바닥이었고 몸은 굳을 대로 굳어 있었다. 조금만 움직이다보면 여기저기 삐끗하곤 했다. 어깨 때문에 목 때문에 허리 때문에 걸핏하면 침 맞으러 한의원에, 물리치료를 받으러 정형외과에 다녀야 했다.

그러던 중 소소한 사고로 왼손 중지 인대에 문제가 생겼다. 손가락 하나에 반깁스를 해버리니 키보드를 두들기는 것도 쉽지 않았다. 몸도 마음도 계속해서 바닥으로 떨어지는 나날이었다. 어느 날 반깁스를 한 왼손 중지를 망연히 바라보는데 어쩐지 한심하기도 하고 심란하기도 한 와중에 머릿속을 스쳐지나가는 생각이 있었다. 드디어 운동할 때가 되었다.

가장 무난한 건 동네 헬스클럽에 등록하는 거고 가장 쉬운 건 걷기겠지만 다른 건 몰라도 걷기나 헬스클럽에 다니는 짓은 절대로 하지 않을 작정이었다. 걷기나 기계를 붙들고 하는 운동은 자신과의 싸움이다. 자신과 왜 싸우나. 스스로를 극복해내고 자신을 이겨봤자 그건 곧 자신이 지는 일이기도 하니 말이다. 극복하지 못하고 자신과의 싸움에서 진다면 그건 그냥 지는 일이다. 이러거나 저러거나 질 수밖에 없는 게임이다.

사실 나는 오래전부터 테니스가 상당히 있어 보이는 운동이라고 생각해왔다. 그러니까 비욘 보그Björn Borg가 세계를 제패했을 때부터. 그 이름이 어느 날 갑자기 비외른 보리로 표기될 때부터. 존 매켄로가 열받을 때마다 라켓 부러뜨려가면서 윔블던 쓸어담을 때부터. 그리고 메이커 운동화로 나이키도 아니고 아디다스도 아니고 러닝화도 아니고 농구화도 아닌, 프로스펙스 테니스화를 처음 샀을 때부터. 테니스 선수들이 하얀 운동복을 입고 폼나는 테니스화를 신고 코트 이쪽 끝에서 저쪽 끝까지 전력으로 달려가 공을 받아넘기는 모습은 실로 근사했다.

그럼에도 불구하고 탁구를 선택했다. 입문자 입장에서 보자면 테니스는 단점이 많다. 눈비가 오면 레슨을 받을 수 없다. 보충도 없다. 혼자 배우게 되면 초보티를 벗을 때까지 벽치기나

하고 있어야 한다. 그리고 또 매우 어려운 운동이라 몇 년 쳐봤자 초보처럼 보인다. 그보다는 눈비와 자외선의 영향을 받지 않는 탁구가 시간 대비 실력 향상에 있어서 훨씬 더 효율적이다.

나는 있어 보이는 것에 약한 사람이다. 작가가 되고자 한 이유는 오로지 있어 보여서였다. (그때 다른 직종이, 가령 건물주라든가, 있어 보였어야 했다.) 예전에는 뭔가 무형의 가치를 위한 삶을 높이 사는 분위기가, 그럴 만한 사람들 사이에서는, 있었다. 그들은 작가가 그런 삶을 산다고 생각했던 것도 같다. 그리고 나는 좀, 그럴 만한 사람들 사이에 끼고 싶어했던 것도 같다.

결정적으로 미래가 분명치 않던 백수 시절에 가깝게 지내던 다른 백수들은 대부분 작가가 있어 보인다고 여겼다. 뒤늦게 생각해보면 그때 그들과 가깝게 지내지 말아야 했다. 이래서 친구 가려서 사귀어야 한다고 옛사람들이 말했던 것이다.

내가 작가가 되자 그들은 새삼 내가 있어 보인다고 여겼(을 것이)다. 왜 아니겠는가. 비록 초짜일지라도 저자 사인본을 직접 주는 작가와 아무때나 노닥거리는데. 틀림없이 다른 데 가서는 그 작가랑 잘 안다고 자랑했을 거다. 요는 내가 귀가 얇고 뭔가에 금방 혹한다는 얘기다. 이게 좋아보이면 이쪽으로 향하고 저게 좋아보이면 저쪽으로 돌아선다. 그러니까 그게 탁구를 시작한 거와 무슨 상관이냐면,

그 무렵 티브이 프로그램 〈우리동네 예체능〉에서 몇 주간 탁구를 했는데, 그렇게 티브이로 탁구를 보고 있자니 평소 생각과는 다르게 왠지 탁구가 있어 보였던 것이다. 첫인상은 어째 좀 없어 보였던 조달환 배우가 라켓 들고 탁구대 앞에서 초레이를 외치며 경기에 집중하는 모습을 보고 있자니 왠지 그조차도 있어 보이기 시작했던 것이다. 탁구를 시작한 이유가 뭔가 더 있어 보이는 것이 아니어서 안타깝지만 이게 사실이다.

몇 달 뒤 손가락이 낫자 집에서 가까운 탁구장을 찾았다. 레슨을 받기 시작했다. 셰이크핸드로. 기초부터. 입문자처럼. 그립을 잡는 법을 배웠고, 스윙 폼을 익혔다. 포핸드 스트로크부터. 주 2회 이십 분 레슨. 레슨이 끝나면 녹초가 되었다.

이분하고 한번 쳐보시지요?

관장은 더 치다 가라며 붙잡았다.

아, 제가 일이 좀 있어서……

바쁜 척하며 탁구장을 빠져나왔다. 바쁜 일은 없었다. 다만 더 움직일 힘이 남아 있지 않았다. 겨우 이십 분 레슨에 무릎은 시큰거렸고 어깨는 뻐근했으며 다리는 후들거렸다. 탁구가 그렇게 힘든 운동인 줄 전에는 알지 못했다. 내가 그렇게까지 체력적으로 바닥이리라고는 생각도 못했다. 두어 달 동안 레슨 없는 날에는 탁구장에 가지도 않았다. 힘들어서.

그렇게 탁구를 시작했다. 조금만 움직여도 시큰거리는 무릎으로.

그때 탁구는 고작 중학생의 놀이였을까

○

탁구를 처음 시작한 건 중학교 때였다. 때는 팔십년대. 〈전원일기〉만큼은 아니어도 서울 변두리의 탁구장에서도 인정이 넘쳤다. 아마 그때 탁구장 요금이 삼십 분에 오백 원이었나 싶은데 탁구장이 꽉 차지 않는 한 우리 빡빡머리 중학생들은 두세 시간 치고도 삼십 분 요금만 낼 때가 많았다. 탁구장 주인아저씨 아줌마들은 학생이, 그것도 중학생이 무슨 돈이 있냐며 그 이상 받으려 하지 않았다.

우리 반에는 탁구를 치는 친구가 많았고 잘 치는 친구들도 여럿이었다. 매일같이 삼십 분 요금으로 몇 시간씩 치면서 또 그렇게 경쟁이 붙으니 금방 실력이 늘 수밖에.

탁구 잘 치면 여학생들에게 인기가 많다는 얘기도 있었다. 일단 폼이 나고, 또 탁구 가르쳐준다는 핑계로 친해지기도 한다는 거였다. 남녀공학은 바다 건너 남의 나라 이야기로만 알고 있던 시절, 여학생들과 친해질 가능성이 있다니 탁구 실력이 또 팍팍 늘 수밖에.

그 무렵 어울려 탁구를 쳤던 누구도 탁구 덕분에 여학생들과 가까워지는 경험은 하지 못했다. 그렇다 해서 그런 얘기가 말짱 거짓은 또 아니었는지, 이윤기 선생의 소설에서 여학생들과 탁구를 치는 장면을 보기도 했다. 탁구를 치며 여학생과 가까워지는 이윤기 선생 세대 얘기였던 거다. 그러니까 요는 내가 탁구를 못 쳐서 여학생을 사귀지 못했던 건 아니라는 거다.

중학교 2학년 때 제일 잘 치는 친구는 초등학교 선수 출신이었다. 아직도 그의 이름을 기억하고 있다. 도저히 이길 수 없었다. 바람을 가르는 드라이브 스윙, 공중에서 내려꽂히는 스매싱의 파괴력은 우리와는 다른 차원에 있었다. 폼은 또 어찌나 깨끗하던지. 선수 출신이란 넘을 수 없는 벽이었다.

그 무렵 바람이 하나 있었으니 탁구 레슨을 받는 거였다. 방학 때 달랑 한 달 레슨을 받고 일취월장한 친구가 있었다. 느낌으로는 두세 달만 레슨 받으면 그 선출도 이길 수 있을 거 같았다. 그랬을지도 모른다. 그때의 레슨이란 지금처럼 주 2회 이십 분이 아니라, 주로 텅 비어 있는 탁구장에서 심심해하는 코치 겸 관장이 중학생 데리고 이런저런 잔심부름도 시켜가면서 매일 오래오래 가르쳐주곤 했으니까.

레슨을 받지는 못했다. 그 작은 공놀이에 무슨 레슨씩이나, 하는 생각이 있었고 부모에게 탁구 레슨비 달라고 말하기도 부담이었던 것 같다. 레슨 안 받았어도 나는 곧잘 쳤다. 선수 출신 친구 말고는 제일 잘 치는 그룹이었다. 펜홀더 라켓을 들고 커트도 하고 드라이브도 하고 심지어 백핸드 스매싱도 했으니까. 성공률? 뭐, 어쩌다 한 번씩 했다는 거다. 어느 탁구장 관장이 "드라이브는 칠 때 소리가 나지 않아야 된다" 해서 우리 모두 소리 안 나는 드라이브를 구사하려 잠시 땀을 흘렸던 것이 그즈음의 탁구에 대한 마지막 기억이다.

그해가 지나고 가까운 친구들은 탁구를 치지 않았다. 나도 탁구로부터 멀어져갔다. 고등학생 시절에는 탁구장 간 적이 거의 없었다. 우리 동네에서 탁구 치는 고등학생들은 드물었다.

그때 탁구는 고작 중학생의 놀이였을까.

학생회관 사층에 탁구장이 있었다

○

몇 번의 겨울이 지나자 나는 외톨이가 되었다
그리고 졸업이었다, 대학을 떠나기가 두려웠다
—기형도, 「대학시절」 부분

 나도 그랬던 거 같다. 시인이 깊고 아름다웠다고 기억한 그 은백양 교정에서의 마지막 학기였다. 김광석의 절창으로 기억되는 김지하 시처럼 '목련은 피어 흰빛만 하늘로 외롭게 오르고' 가까운 친구들은 떠나갔다. 군대로 또 '이리로 저리로 아메리카로 혹은 유럽으로'.

 졸업하면 무엇을 할 것인가. 답을 찾지 못했다. 의미 있는 일을 해야 한다는 생각이 있었다. 그러나 그런 생각이 오히려 아무것도 하지 못하게 했다. 시간은 많았지만 앞은 보이지 않았다.

학생회관 사층에 탁구장이 있었다. 마지막 학기에 친구와 그곳을 간혹 찾기 시작했다. 그와는 탁구 실력이 비슷했다. 또 바둑 실력이 비슷했고 당구 실력도 비슷했다. 굳이 따지자면 당구는 그가 더 잘했고 바둑은 내가 조금 더 잘했고 탁구는 막상막상, 막하막하였다.

그와 나는 이런저런 내기들을 했다. 자판기 커피 한잔이나 학생식당 점심 같은 소소한 내기부터 저녁 술값 같은 큰 내기까지. 탁구와 바둑과 당구의 삼종경기. 우리는 시간이 많았으니까. 미래는 보이지 않았지만 학생회관 사층 탁구장과 학교 앞 당구장들은 아주 잘 보였으니까.

바둑은 주로 내가 이겼고 당구는 주로 그가 이겼으니 승부는 탁구에서 갈렸다. 대체로 승패는 반반으로 비슷했다. 다만 한 가지, 어느 날 갑자기 그는 스카이 서브를 구사하기 시작했다. 리시브가 쉽지 않았다. 나도 그 서브를 해보려 했지만 잘 되지 않았다. 그는 운동신경이 좋아 금방 익혔다. 나는 그렇지 못했다.

우리가 했던 가장 큰 내기는 기말 리포트 쓰기였다. 마지막 학기였다. 졸업하려면 F는 면해야 했고, 그러려면 리포트 제출은 해야 했으며, 또 그러려면 아무거나 짜깁기해서 대충 쓰기는 해야 했다. 비록 우리가 시간은 많았지만 그렇다 해서 그 시간에 여러 자료들을 찾아 리포트를 쓰는 건 또다른 얘기였다. 지면 무려 두 개를 써야 했다. 우리로서는 일본 명인전에 버금가는 큰 승부였다.

패턴대로 바둑은 내가 이겼고 당구는 그가 이겼으며 탁구에서 최종 결판을 내게 되었다. 그런데 그 시합 과정이 잘 기억나지 않는다. 긴장감이 높았던 팽팽한 경기였고 짜릿한 승부였던 거 같긴 한데. 아마 그는 생생히 기억할 거다. 그가 졌으니까. 원래 이긴 사람은 그런 건 그냥 잊어버린다. 당연한 일이려니 하면서. 나는 싹 잊었다. 그가 기나긴 기말 리포트를 두 개나 쓰느라 고생할 때 그의 옆에서, 그러니까 그의 하숙방에 누워 빈둥거리면서 얼른 쓰라고 타박했었던 것도 같지만 그 또한 잘 기억나지 않는다.

탁구를 탁구처럼 친 건 그때 잠깐이었다. 이후 그는 바둑에 더 관심을 보였다. 매우 명민했는지 금세 나보다 더 잘 두게 되었다. 더 많이 지게 되자 나도 바둑을 더 많이 두게 되었다. 우리는 더이상 탁구도, 당구도 하지 않게 되었다. 바둑은 그 어떤 것보다 더 많은 시간을 가져갔다.

앞에 말했다시피 그 무렵, 앞은 보이지 않았고 시간은 많았다. 막막함은 깊어지기만 했다. 나는 학교 앞 기원에 가기 시작했다. 기원에 가서 줄담배를 피워가며 바둑 몇 판 두다보면 하루가 그냥 지나갔다. 바라던 바였다. 한 달이 지나갔다. 그 또한 바라던 바였다. 반년이 그냥 지나갔다. 그것도 내가 바라던 바였을까.

나중에는 거의 1급 수준의 바둑을 두게 되었다. 그렇게 짧은 한 시절의 막막함과 불안이 신촌 기원의 자욱한 담배 연기 속으로 사라져갔다. 그때 나는 막막함을, 불안을 잊고 싶었다. 그러나 대가를 치러야 했다. 그때는 내가 잊고 싶은 것들만 잊을 수는 없다는 걸 알지 못했다. 젊었으니까. 어렸으니까.

어느 날 회사에 탁구대가 들어왔다

○

탁구다운 탁구를 친 적이 또 있었다. 구십년대 후반, 직장 생활을 할 때였다. 어느 날 회사에 탁구대가 들어왔다. 널찍한 회의실 하나를 비우고 탁구대를 놓았다. 삼삼오오 무리지어 탁구대 앞으로 모여들었다. 회사 사람들은 점심을 먹고 탁구를 쳤고, 저녁을 먹고 탁구를 쳤고, 퇴근한 다음에 탁구를 쳤다. 배드민턴 치듯 공중 높이 공을 띄우는 똑딱이 탁구를 치는 초보들부터 스매싱에 드라이브에 잘 치는 이들도 있었다.

바로 초등학교 선수 출신이라 했던 K와 운동신경이 뛰어난 J였다. 두 사람 모두 나보다 잘 쳤다. 차이는 크지 않았다. 해볼 만하다 싶었다. 탁구대도 들였겠다, 사내 탁구 대회가 열렸다. 얼떨결에 나가서는 K에게 졌다. 뭐, 깻잎 한 장 차이였다. 결승은 K와 J. 우승은 J가 했다.

이후 J와 종종 탁구를 쳤고, 가끔 바둑도 두었다. 바둑이야 몇 점 깔게 하고 두었지만 탁구는 J는 나보다 조금 잘 쳤다. 초등선수 출신도 아니고 레슨을 받은 적이 없음에도 J는 매우 깨끗한 폼을 가지고 있었다. 그는 왼손 펜홀더 전형이었다. 커트의 구질은 예리해서 드라이브를 걸기가 어려웠다. 보스 커트both cut를 하다가 공이 조금이라도 뜨면 곧바로 나오는 간명하고 빠른 스매싱에 번번이 당했다. 그와의 차이는 크지 않다고 생각했다. 이 또한 깻잎 한 장 차이 정도? 열심히 하면 이길 수 있을 것도 같았다. 그러나 그도 열심히 치면 그가 이길 거다. 최소한 깻잎 한 장 차이로. 차이란 그런 거라서.

차이를 극복하기 위해서는 장비라도 좋은 걸 써야 하는 법. 탁구 라켓을 샀다. 일체형 싸구려가 아니었다. 러버 따로, 블레이드 따로. 모두 버터플라이로.

어린 시절 우리는 버터플라이가 최고인 줄로 알았다. 다른 제품들은 알지도 못했다. 설령 다른 것들을 알았다 해도 버터플라이 제품들을 최고라고 생각했을 거다. 왜 아니겠는가. 일제인데. 초등학교 때는 일제 샤프 갖고 다니던 애가, 중학생 때는 일제 전자시계 차고 다니던 애가, 나중에는 일제 워크맨 들고 다니던 인간들이 있어 보였다. 탁구장에서는 버터플라이 라켓 들고 있으면 있어 보였다. 왜 아니겠는가. 일제인데. 당시 아줌마들이 조지루시 코끼리표 밥통과 보온병에 꽂혔던 것처럼 우리는 버터플라이 라켓에 꽂혔다. 심지어 버터플라이라면 러버 붙이고 남은 쪼가리들로 붙인 라켓도 서로 들고 치려고 난리였다.

개인 라켓도 생겼겠다, 그것도 버터플라이로, K든 J든 박살내줄 일만 남았다. 그러나 시기가 좋지 못했다. IMF가 터졌다. 회사 상황이 나빠졌다. 회의실에서 탁구대를 접었다. 사람들은 밤늦게까지 기나긴 회의들을 했다. 이쪽 사람들은 이런 회의들을 했고 저쪽 사람들은 저런 회의들을 했다. 몇 달 뒤에 나는 회사를 그만두었다.

처음 탁구를 시작하면서 J가 떠올랐다. 연락해보니 그는 전주에 있었다. 일주일에 한두 번, 입장료 천 원 내면 되는 화산체육관 탁구장에 가서 탁구를 친다고 했다. 얼마 뒤 전주에 갈 일이 있었다. 그를 만났다. 화산체육관에서. 운동복으로 갈아입고 준비해간 라켓을 꺼내들고 십오 년 만에 탁구를 쳤다.

그는 여전히 펜홀더 전형이었다. 값싼 라켓을 들고, 깔끔한 폼의 탁구를 구사했다. 간명하고 빨랐고 파워가 있었다. 나는 셰이크핸드로 전형을 바꾸었다. 라켓은 닛타쿠 어쿠스틱에 텐존 울트라 조합이었다. 뭐, 대략 싸지 않고 좋은 제품들이다. 달랑 일 년 레슨을 받았음에도 다년간 레슨을 받았을 걸로 보일 훌륭한 스윙 폼도 갖추고 있었다. 질 거라고는 생각하지 않았다.

그런데 참 이상한 일이었다. 십오 년 전과 다르지 않았다. 그는 여전히 나보다 쪼끔 잘 쳤다. 딱 깻잎 한 장만큼. 레슨은 내가 받았는데. 내 라켓이 다섯 배쯤 비싼 거였는데. 내 러버가 두 배쯤 비싼 거였는데. 탁구에 들인 시간도 내가 압도적으로 많았을 텐데. 그럼에도 불구하고 고작 한 장의 깻잎을 넘어서지 못했다. 그 깻잎 한 장이 상당히 두꺼운 것이었다.

레슨을 전혀 받지 않은 탁구를 막탁구라고 한다. 막 치는 탁구다. 오랜 구력을 바탕으로 엉성한 폼으로 손목 휘휘 돌려가며 이상한 구질로 하수를 농락하는 데 탁월한 위력을 발휘한다. 그럴 수밖에. 배운 적 없으니 폼이 제멋대로인데, 오래 치다보니 나름의 감각이 생기고 실력이 쌓이는 것이다.

그런데 배우지 못한 막탁구 중에서 그렇게 깔끔한 폼을 지닌 사람을 나는 아직 보지 못했다. 레슨을 받은 나보다도 그가 더 깨끗한 탁구를 구사하고 있었다. 때로는 타고난 운동신경이 다른 모든 것을 넘어서기도 한다. 어쩌면 생득적이고 선험적인 뭔가가 이미 존재 이후를 규정해버리기도 하는 게 아닐까. 가령 그의 탁구처럼. 꼬이기만 하는 우리 인생처럼.

마룻바닥이 깔려 있는 탁구장은 처음이었다

○

 일찍이 지난 세기부터 나는 운동이 몸에 좋지 않다고 주장해 왔다. 비단 과한 운동뿐만 아니라 적당한 운동 또한 좋지 않다. 좋을 수 없다. 좋아서는 안 된다. 놀이로서 몸을 움직이는 건 놀이지, 운동이 아니다. 산책 삼아 산책하는 건 산책이지, 운동이 아니다. 현대인의 운동이란 대개의 경우 억지로 한다는 점에서 노동의 연장에 가깝다. 몸무게라거나 몸매에 대한, 육체에 대한 사회적 강박과 억압이 없다면 사람들이 과연 이렇게들 미친듯이 운동을 할까. 운동 삼아 운동하는 것을 넘어 거의 노동 삼아 운동하는 건 어리석은 짓이다. 운동 삼아 노동을 해도 시원찮을 판에 말이다.

 라고는 했지만, 지난 세기부터 이렇게 그럴싸하게 말하진 않았겠지만, 설령 그렇게 말했을지라도 근본적인 이유는 내가 몸을 움직이는 걸 귀찮아한다는 데에 있다. 그러니까 운동하기

싫다는 말을 조금 길게 하자면 저런 얘기가 되는 거다.

십수 년 전이었다. 몸을 최대한 움직이지 않는 언행일치적 삶을 지속적으로 유지하다보니 그게 정신 건강에도 좋지 못한 것도 같고 또 신체 건강도 딱히 좋은 것은 아닌 것도 같고. 어쩌겠나, 운동이라도 해야겠다 싶었던 때가 있었다.

테니스를 배운답시고 반년가량 벽이나 치고 싶지는 않았다. 혼자 다니며 레슨을 받기에는 테니스는 너무도 진입 장벽이 높은 운동이다. 헬스장을 다니고 싶은 마음은 털끝만큼도 없었다. 헬스야말로 노동 같은 운동이자 운동을 빙자한 노동이다. 인간은 거미와도 같아서 평생 동안 자기가 짜놓은 거미줄 위로 돌아다닌다. 어쩌겠나. 이미 라켓도 있겠다, 몇 년 묵은 라켓 케이스의 먼지를 털었다.

동네 탁구장으로 가진 않았다. 그때는 탁구장에 혼자 가서 모르는 사람들과 탁구를 칠 수 있다는 걸 알지도 못했다. 탁구 칠 줄 모르는 것도 아닌지라 레슨을 받을 생각도 하지 못했다. 생활체육으로서의 탁구에 대한 개념이 전혀 없었다. 생활에 대한 개념도, 체육에 대한 개념도, 탁구에 대한 개념도 다 없었으니.

뭔가를 하려면 인터넷 동호회에 가입하는 게 가장 효율적이던 시절. 검색해보고는 인터넷 탁구 모임에 가입했다. 온라인 활동을 생략하고 곧바로 오프 모임에 갔다. 공덕역 쪽이었다. 마룻바닥이 깔려 있는 탁구장은 처음이었다. 이전에 가봤던 탁구장들은 모두 콘크리트 바닥이었다.

지난 세기와는 달리 대부분 셰이크핸드 라켓을 들고 있었다. 지난 세기와는 달리 세트당 11점 경기였다. 또 지난 세기와는 달리 낯설게도 다들 탁구화를 신고 탁구복을 입고 있는 것이었다. 버터플라이 펜홀더 라켓을 꺼내들고는 뻘쭘하게 앉아 있었다. 누군가 말을 걸어왔다.
"처음 나오셨나봅니다. 이분하고 한번 쳐보시지요."
"아, 네."

여자 회원하고 붙여준다. 아니, 댁이랑 쳐도 내가 안 질 거 같은데 왜 이분이랑 붙여주나 하는 심사로 쳐보았다. 상대의 폼이 딱히 좋지 않았음에도 포핸드 랠리를 해보니 내가 마구 밀리는 느낌이었다. 세이크핸드 전형인 그 여자의 백핸드는 내 포핸드보다 좋았다. 이윽고 게임을 하자고 한다. 그래, 랠리는 무슨. 게임이야말로 내 전공이지.

아무리 그래도 상대가 여자이다보니 평소 여자들과 칠 때 왼손으로 쳐주곤 했던 나는 슬슬 쳤다. 그랬더니, 박살났다. 이게 아니다 싶어 두번째 게임을 할 때에는 제대로 열심히 쳤다. 칠 만했다. 그런데 또 박살났다. 이것도 아닌가 싶어 세번째 게임을 할 때에는 그야말로 힘을 다해 뭐에 뭐에, 뭐에 할 수 있는 것들을 죄다 해가며 경기에 임했다. 그랬으나 또 박살났다.

그러고 나서 체력이 완전히 바닥나버렸다. 서 있을 힘도 없었다. 여자는 쌩쌩했다. 상대를 바꾸어가며 계속 탁구를 쳤다. 다른 사람들도. 나처럼 슬렁슬렁 팔로만 치는 탁구가 아니었다. 모두들 온몸으로 탁구를 쳤다. 몇 시간씩이나.

한참 뒤에 겨우 체력을 조금 회복해서 다른 사람과 쳐봤다. 남자였다. 박살났다. 뭐, 어떻게 해볼까 하는, 해보자 하는 의지도 여지도 생기지 않을 실력 차이가 났다. 요즘 말로 멘붕이 왔다. 아니 이 인간들, 동호회라더니 이거 선수 모임 아닌가.

처음 탁구를 접한 이후 나는 항상 탁구 치는 친구들 사이에서 잘 치는 축에 속해 있었다. 그런데 탁구 동호회 모임에 가보니 거기서 나는 초보에 불과했다. 길을 가다 발아래 자그마한 웅덩이가 하나 있나 했는데 막상 들여다보니 깊은 우물이었다. 나는 아주 조그만 개구리였다.

당신의 탁구를 보여주면
당신이 어떤 사람인지 알려주겠다

○

 우루과이의 작가 에두아르도 갈레아노는 이렇게 말했다. "당신이 어떻게 축구를 하는지 말해주면 나는 당신이 누구인지 말해줄 수 있다." 탁구로 바꾸어보자면, 당신의 탁구를 보여주면 당신이 어떤 사람인지 알려주겠다는 얘기다. 과연 그럴까.

 탁구의 플레이 스타일은 크게 공격 전형과 수비 전형으로 나눌 수 있다. 수비 전형은 주세혁, 서효원 같은 롱커트형 수비 전형과 니시아리안 같은 블록형 전형으로 나뉜다. 프로 탁구에서 수비 전형은 매우 드물고, 블록형 전형은 더 드물다. (수비 전형은 백핸드 쪽에 스펀지가 있는 롱핌플 러버를 사용한다. 서효원, 주세혁처럼 멀리서 롱커트를 한다. 블록형 전형은 스펀지가 없는 OX 롱핌플 러버를 사용한다. 테이블 가까운 곳에서 블록 위주의 플레이를 한다. 이 전형으로는 니시아리안이 있다.)

생활체육에서는 조금 다르다. 남자들은 대부분 올라운드 드라이브 전형이고 여자들은 대부분 올라운드 스트로크 전형이다. 남자들은 웬만하면 다 드라이브 걸고 여자들은 엔간하면 다 스트로크 때리는 식이다.

프로 탁구처럼 수비 전형도 있다. 제대로 배운 롱핌플 수비수들은 매우 멋지다. 남자도, 여자도. 희소성 때문에 그렇기도 할 거고 내 개인적 취향이 그렇기도 하고, 실제로도 멋지다. 수비 전형의 탁구를 배우는 것은 쉽지 않다. 스텝도 더 많이 밟아야 한다. 블록형 전형의 탁구를 배우는 게 상대적으로 용이하다. 그래서 생활체육에서는 롱커트형 전형보다 블록형 전형이 훨씬 많다.

그리고 특정하기 쉽지 않은 전형이 있다. 이른바 사파 탁구다. 막탁구, 동네탁구가 어느 정도 수준에 이른 경우다. 이들은 돈 안 들인 논non 레슨 탁구를 추구한다. 펜홀더가 많다. 손목놀림이 현란하고 회전이 많다. 볼 컨트롤이 좋다. 막강한 위력의 한 방 스매싱이 있다.

초보 신분으로 탁구장에 가면 눈빛 반짝이며 펜홀더 들고 다가오는 누군가가 있을 거다. 그분들이 대체로 이쪽에 계신 분들이다. 일 년 정도 제대로 레슨을 받는다면 이분들을 극복할 수 있다. 그러고 나면 그분들은 다른 초보들을 보고 눈빛을 반짝거리며 다가갈 거다.

한두 해 레슨으로는 극복할 수 없는 사파들이 있다. 삼사 년을 해도, 그 이상을 해도 극복이 안 되는 사파들은 사파라기보다는 그냥 실력자들이다. 폼은 어딘가 엉성하고 이상하지만 매우 잘 치는 사람들이다. 그들이 레슨 없이 그 정도 실력에 이르는 데에는 엄청난 시간이 소요되었다. 맨날 깨진다 해서 사파 탁구라 비난할 게 아니라 인정해야 한다. 물론 더 오래 레슨을 받으면서 꾸준히 정진한다면 언젠가는 그들조차 극복할 수도 있다. 그들이 탁구에 들인 시간보다 훨씬 적은 시간을 들여서.

모든 네트 스포츠에서 득점하는 방식은 같다. 상대 공이 네트를 넘어오지 못하면 득점한다. 네트를 넘어온 공을 다시 넘기지 못하면 실점한다.

상대 공이 네트를 넘어오지 못하게 하는 방법에는 두 가지가 있다. 첫째, 상대가 받지 못할 정도로 강하게, 혹은 상대가 받지 못하는 코스로 공을 보낸다. 둘째, 상대보다 한번 더 공을 넘긴다.

전자와 후자 중 무얼 선호하느냐에 따라 플레이 스타일이 결정된다. 첫번째가 공격 전형의 방법이고 두번째가 수비 전형의 방법이다. 상대가 받지 못하게 공격하거나, 상대의 공격을 잘 받아내는 거다. 공격과 수비의 조합을 어떤 비율로 구성하느냐에 따라 그 사람의 플레이 스타일이 결정된다. 그런데 과연 플레이 스타일로 그 사람이 어떤 사람인지 알 수 있을까.

우리는 자기 자신을 평생에 걸쳐 매일매일 보아왔으면서도 자신이 어떤 사람인지 스스로도 잘 모를 때가 많다. 하물며 다른 사람이 그것도 고작 특정 운동의 플레이 스타일만 보고 그 사람에 대해 알 수는 없는 일이다. 탁구 스타일은 그냥 탁구 스타일이다. 훌륭한 사람이라 해서 훌륭한 탁구를 치는 게 아니고 현명한 사람이라 해서 현명한 탁구를 치는 건 아니다. 축구든 탁구든 플레이 스타일로 알 수 있는 건 플레이 스타일뿐이다. 당신이 구사하는 탁구를 본다 해서 당신이 누구인지 알 수는 없다. 축구 역시 마찬가지다. 처음 인용한 갈레아노의 말은 그저 수사일 뿐이다.

머리로 하는 것들도 다르지 않다. 가령 바둑은 기풍이 성격을 반영한다는 견해도 있지만, 또 그것도 거꾸로 반영한다는 견해도 있지만 그 모두 딱히 유의미하지 않다. 그러니까 기풍과 그 사람의 성격과는 유관한 것 이상으로 압도적으로 무관하다. 바둑으로 한 시절을 날려버린 뒤에 알게 된 사실이다.

심지어 글 또한 마찬가지다. 글은 곧 그 사람이라고 하지만 잘못된 얘기다. 글은 그 사람이 아니다. 정도의 차이가 있을 뿐 모든 글은 과장이고 허세다. 훌륭한 글들은 매우 많지만 그 글을 쓴 사람들이 글만큼 훌륭한 건 아니다. 가령 몇몇 내 글들은 매우 훌륭하지만 나는 그 정도로 훌륭한 사람이 아니다. 훌륭한 사람들은 훌륭한 일을 하느라 글을 쓸 시간이 없다. 예수가 괜히 땅바닥에만 슥슥 뭐라고 쓰다가 지워버린 게 아니다. 석가는 땅바닥에라도 뭘 쓰지 않았다.

서두에 말했던 이런 문장, 그러니까 당신이 읽는 책을 말해주면 당신이 어떤 사람인지 알려주겠다거나 하는 문장의 원형은 알프레드 오스틴이다. 그는 이렇게 말했다. "당신의 정원을 보여주면 당신이 어떤 사람인지 알려주겠다."

내가 워낙 박식하다보니 이런 것까지 알고 있는 건 아니고, 나는 이 인용문을 미국 드라마 〈크리미널 마인드〉에서 봤다. 알프레드 오스틴을 검색해보니 『사랑하는 나의 정원』(1894)이라는 저서가 있다. 혹시 그 이전의 문장이 있을까 찾아보니 프랑스의 미식 평론가 브리야사바랭이 『미각의 생리학』(1825)에서 이렇게 말했다. "당신이 무엇을 먹는지 말해주면 당신이 어떤 사람인지 말해주겠다." 포이어바흐는 「자연과학과 혁명」(1850)에서 이 문장을 폼나게 갖다 썼다. "당신이 먹는 것이 곧 당신이다."

아마도 더 이전의 원형이 있을 것이다. 거슬러올라가다보면 그리스 로마 시대까지 가지 않을까. 그때 이미 수십만 권의 장서가 있는 도서관도 있었고, 이런 식의 문장으로 있어 보이고 싶어하는 작가들이야 항상 있게 마련이니.

탁구의 이데아

젊은 코치는 나를 사장님이라 불렀다. 내가 사장님인 걸 어찌 알고? 그러니까 세법상 작가는 자영업자로 분류된다고 하니 굳이 따지자면 사장님이 맞다. 뭐, 사실 동네 아저씨는 다 사장님이라고 부르곤 하니 명백히 동네 아저씨인 나는 세법과는 무관하게 사장님인 척하면서 코치가 하라는 대로 셰이크핸드 그립을 잡았다.

"이렇게 잡으세요."

"이렇게요?"

"아니, 이렇게요."

얼마 뒤에는 다르게 말했다.

"이렇게 잡아야 해요."

"이렇게요?"

"아니, 이렇게요"

"전에는 그렇게 말하지 않았잖아요."

코치는 생초보가 뭘 따지느냐는 듯한 얼굴로 나를 바라보았다.

"그것도 맞고 이것도 맞는데 지금은 이렇게 잡아야 해요."

나는 작가다. 그러다보니 코치의 말이 전지적 작가 시점에서 저절로 이해가 된다. 코치의 말은 해석하자면 이런 거다. "거, 사장님, 답답하시네. 그러니까 그때는 사장님 폼이 그따위여서 그렇게 그립을 잡으라고 한 거였단 말이지요. 근데 지금은 사장님 폼이 이따위로 치우치고 있어서 이렇게 그립을 잡으라고 한 거랍니다."

말하자면 이런 거다. 자기 언어가 있는 자가 자기 언어가 조금 부족한 이의 말을 해석해야 한다. 그게 작가가 해야 하는 일 중 하나다. 마찬가지로 자기 그립이 있는 이가 자기 그립이 없는 자의 그립을 해석해야 하는 것이다. 이는 탁구 코치가 해야 하는 일 중 하나인 것이다. 그런 점에서 그는 괜찮은 코치였다.

입문자의 마인드로 그립 잡는 법을 배웠고 스윙 폼을 익혔다. 셰이크핸드 전형으로는 입문자가 맞으니 다른 마인드가 있을 수도 없다. 제일 먼저 포핸드 스트로크.

"스윙 폼은 이렇게 해야 해요."

"아, 이렇게요?"

"아뇨, 그게 아니라 이렇게요."

"그러니까 이렇게요?"

"아니 그게 아니라 이렇게란 말이지요."

코치는 세심하게 폼을 잡아주려 애썼다. 스윙 폼이 조금이라도 이상해진다 싶으면 내 쪽으로 와서 교정해주곤 했다.

코치는 이렇게 말했다.

"게임 한두 번 이기는 건 중요하지 않아요. 대회 나가서 우승해봤자 달랑 몇만 원짜리 라바 받는 게 다예요. 정말 중요한 건 제대로 된 좋은 폼으로 탁구를 치는 거지요. 그래야 어디 가서도 탁구 잘 배웠다는 소리 들어요."

초보에게는 이렇게 폼을 정확하게 잡아주는 코치가 필요하다. 어떤 폼이든 잘 치면 그만이겠지만 나도 코치 생각에 전적으로 동의한다. 비단 좋은 폼으로 치는 게 보기 좋을 뿐만 아니라 정확한 자세를 익히는 것이야말로 가장 빨리 늘 수 있는 길이다.

물론 이런 생각은 내가 처음 한 게 아니다. 코치가 처음 한 것도 아니다. 거슬러올라가보자면…… 좀더 올라가보자면…… 조금만 더 올라가보자면…… 플라톤쯤?

고딩 때 배운 걸 떠올려보자. 플라톤적 관점에서 보자면, 탁구의 이데아라는 게 있을 거다. 그것은 곧 스트로크의 이데아, 드라이브의 이데아, 커트의 이데아, 모든 스윙의 이데아, 풋워크의 이데아의 총합이며 총합 이상의 이데아다. 이데아의 탁구다. 그러니까 이상적인 형태의 폼이 있고 완전히 익혀나갈수록 이상적인 형태의 탁구에 가까워질 수 있다고 생각하는 거다.

고딩 때 배운 걸 조금 더 떠올려보자. 아리스토텔레스는 다르게 볼 거다. 탁구의 이데아는 개뿔, 기본기야 당연 익혀야겠지만 탁구 칠 때 상황이 다 다르니 스윙도 미묘하게 달라질 수밖에 없는 거고, 폼 또한 조금씩 달라질 수밖에 없다. 있지도 않은 이데아적 탁구가 중요한 게 아니다. 자기 스윙을 찾아서 행

하는 개별자로서의 탁구가 실재로서의 탁구다.

여하튼 종목을 불문하고 초보에게는 기본기를 튼튼하게 잡아주려는 코치가 필요하다. 다만 나중에는 실력이 올라갈수록 자신에게 적절한 레슨을 해주는 코치가 필요하지 않을까.

몇 주 지나면서 코치가 갸웃거렸다.
"사장님은 레슨 없는 날에는 어디 다른 데서 탁구 치시나요?"
"아뇨." (여기 나오는 것도 힘들어 죽겠다.)
"게임도 별로 안 하시고, 레슨 없는 날은 나오지도 않는데, 실력이 금방금방 느네요."
나는 기분이 좋아졌다.
"내가 펜홀더로는 좀 쳤다니깐요." (사람 볼 줄 아는구나.)
"에이, 그래봤자 막탁구잖아요. 딱 보면 알아요."
기분이 안 좋아졌다. 내가 생득적으로 지닌 탁구 재능이 살짝 무시당한 느낌이었지만 나는 고작해야 이렇게 대답할 수밖에 없었다.
"아, 네."

그럼 코치는 탁구의 인문학적 의미에 대해 생각해본 적이라도 있느냐, 네트 스포츠의 본질에 대해 아는 게 있느냐, 가령 푸코나 라캉이나 들뢰즈가 탁구에 대해 어떠한 철학적 관점을 갖고 있는지 들어나봤느냐고 물어보려다 말았다. 나도 들은 바 없고, 아는 바 없으니까.

어쨌든 나는 매우 빠르게 늘었다. 코치가 조금 감탄할 정도로.

탁구장에서는 안 그랬는데

○

어찌나 빠르게 늘었던지 레슨을 받기 시작한 지 두세 달이 채 되지 않아 코치는 내게 대회 출전을 권했다.

"사장님, 마포구 대회 나가보시죠?"

대회? 내가? 이 똑딱이 탁구로? 무슨 개망신을 당하려고……

"에잉, 이 실력에 무슨 대회를……"

"사장님, 대회 나가면 우승해요."

우승? 내가? 무슨 그런 뻥을 다……

"에잉, 이 실력에 무슨 우승을……"

"우승한다니까요. 나가서 라바 한 장 따오세요."

라바? 그건 좀 탐나는데……

"에잉, 이 실력에 무슨 라바를……"

나는 아무것도 몰랐다. 탁구는 친구들하고 동네 탁구장 가서 탁구장에 비치된 라켓으로 치는 걸로만 알았던 거다. 취미로 탁구 치는 사람들이 모여서 대회씩이나 하고 있다는 것을 처음 알았다. 뭐, 그런 거야 차차 알아나가면 될 일이지만, 대회란 잘하는 사람들이 하는 거 아닌가. 나 같은 초보가 대회는 무슨.

대회는 등급별로 이쪽 용어로는 부수별로 나누어 이루어진다. 코치 말은 최하위부인 희망부로 나가면 우승할 수 있다는 얘기였다. 희망부란 초보자 부수를 달리 일컫는 말이다. 초보자 레벨의 대회답게 핌플 러버 금지에 심지어 스핀 서브도 금지다.

말로는 일단 사양했지만 가만 생각해보자니 대회 욕심이 슬슬 들기 시작했다. 같이 종종 치던 사람이 있었는데 처음엔 내내 졌지만 오래지 않아 비슷해졌고 나중에는 승률이 더 높아졌다. 그런데 그 사람이 지난번 대회에 희망부로 나가서 입상했다고 했으니 그보다 잘 치는 나는 당연히 우승 후보가 아니겠는가. 우승? 라바? 슬슬 입맛이 다셔지는 시점에서 다른 회원이 상향 출전을 강하게 권했다.
"초보 실력도 아닌데 왜 희망부로 나가요? 지역 5부로 나가세요. 그래도 해볼 만할 거예요."

그는 나와 가장 많이 친 사람이다. 한 방보다 연결을 중요시하는 스타일도 비슷해서 자주 같이 쳤다. 승률은 그가 좋았지만 해볼 만했다. 그런 그가 지난번 대회에 5부로 나가서 3위에 입상했다는 것이었다.

"나랑 비슷한데 희망부로 나가면 안 되죠."

코치는 평소 이런 말을 하곤 했다.

"탁구에서 중요한 건 좋은 폼으로 예쁘게 치는 거예요. 한 게임 더 이기겠다고 억지로 치면서 폼을 망가뜨리면 안 돼요. 설령 대회 나가서 우승해봤자 달랑 삼사만 원짜리 라바 한 장인데 그거 때문에 레슨 받은 거 엉망으로 만들면 뭐가 더 손해겠어요."

그 말에 평소 고개를 끄덕이곤 했던 나는 기껏해야 달랑 삼사만 원짜리 라바 한 장인데 굳이 희망부로 나가서 초보자들 팔목 비틀어가며 따와야 되겠나 하는 장한 생각을 하고야 말았다. 하여, 그러시라는 게 아니었는데, 라는 코치와 관장의 갸웃거림을 뒤로하고 5부로 참가 신청을 했다.

대회 당일, 체육관에 조금 늦게 도착했더니 벌써 예선전이 진행되고 있었다. 조별 예선전. 한 조에 세 명. 풀리그로 두 명이 본선 진출하는 시스템이었다. 도착하자마자 전혀 몸을 풀지도 못한 채 경기를 해야 했다. 체육관의 천장은 왜 그리 높은지…… 탁구장은 안 그랬는데. 좌우로 앞뒤로 또 왜 그리 넓은지…… 탁구장은 안 그랬는데. 사람들 함성 소리며 목소리는 또 왜 그렇게 울리는지…… 탁구장은 안 그랬는데. 왜 드라이브는 걸리지도 않고, 커트는 붕붕 뜨는 건지…… 탁구장에서는 안 그랬는데.

여긴 어디고 나는 누군가 어리둥절해하는 와중에 상대선수를 응원하는 앙칼진 목소리는 왜 그렇게 거슬리는지. 이 모든 요인으로 몸도 전혀 안 풀렸겠다, 접전 끝에 지고 말았다.

이제 적응도 되었겠다, 두번째 경기에 집중하자 마음을 먹었다. 그러나 상대가 너무 강했다. 3:0 스트레이트로 졌다. 나중에 확인해보니 그 사람이 우승자였다.

그야말로 광속으로 예선 탈락을 하게 된 거였다. 아홉시 대회 시작인데, 열시도 되기 전에 그 공간에서 내가 할 수 있는 일이 사라졌다. 전패로 예선 탈락하고 그리 친하지도 않은 탁구장 사람들하고 같이 앉아 있기도 뭣해서 이른 시간에 집에 오는데, 그 처량한 기분이라니.

희망부 우승은 같은 구장에서 운동하는 다른 사람이 차지했다. 평소 내가 매번 이기는 사람이었다. 코치 말을 들었어야 했다는 생각이 여러 날 머리에서 떠나지 않았다. 기회는 아무때나 오는 것이 아니니 말이다. 이제 와서 생각해보면 어쩌면 그 첫 대회에서 희망부로 참가하는 게 내가 대회에서 우승할 수 있는 유일한 기회였을지도 모르겠다.

토탈사커의 창시자 리누스 미헬스는 이런 말을 했다. "우승은 어제 내린 눈과 같다." 우승한 다음에야 할 수 있는 이런 말은 우승을 자주 하는 자들이나 할 수 있는 소리다. 그 어제는 얼마나 찬란했을까.

아마추어 대회든 프로 대회든 모든 대회는 서너 명의 입상자를 위한 것이다. 아무리 실력이 출중하다 해도 하필 그 대회에 자기보다 조금 나은 사람이 서너 명 있으면 탈락하고 만다. 심지어 참가자가 몇 되지 않는 작은 탁구장 리그전에서도 우승은 어려운 일이다. 실력이 좋다 해서 우승하는 것도 아니다. 왕하오는 한 시절 독보적인 실력의 소유자였지만 유승민을 비롯한 올림픽 단식 결승전 상대들이 하필 그날따라 더 잘하는 바람에 무려 세 번이나 연속해서 은메달에 그쳐야만 했다.

첫 대회의 느낌이라면 한숨 섞인 몇 개의 의문문이다. 과연 내가 커다란 체육관에서 하는 대회에 나가서 입상을 하는 일이 생길까. 우승이 어떤 느낌인지 알게 될까. 우승 그까짓 거, 어제 내린 눈처럼 녹아 없어지는 거라고 생각하는 날이 올까.

탁구 후의 맥주란

○

　대학에 들어가기 직전, 무료한 나머지 담배를 피워보았다. 스물이었으니 거리낄 것이 없었다. 친구들은 이미 거의 다 흡연자였다. 대낮에 집 부근 가게에 가서 담배와 라이터를 샀다. 혼자 내 방에서 창문을 열어놓고 담배를 피웠다. 핑 돌았다. 곧바로 대자로 뻗었다. 하늘이 빙글빙글 돌았다. 이전에는 느끼지 못했던 종류의 두통이 느껴졌다. 사람들은 도대체 이런 걸 왜 피우는 걸까. 두통과 어지럼증 사이로 둥둥 떠다니는 듯한 묘한 황홀감이 잠깐 머물다가 사라졌다. 여러 날 뒤에 그 황홀감이 떠올라 다시 피워보았다. 황홀감은 전혀 없었다. 그런데 어지럼증도, 두통도 없었다. 입에서 하얀 담배 연기가 나가는 걸 보는 게 왠지 싫지 않았다. 그날부터 나는 헤비스모커가 되었다. 하루에 두 갑에서 세 갑 사이를 피웠다. 거북선과 은하수로 시작했다. 청자는 너무 맛이 없었다. 그리고 오랫동안 88 라이트를 피웠다. 이천년대에 접어들며 건강을 생각해서 니코틴,

타르 함량이 낮은 던힐 라이트로 바꾸었다.

  2009년의 가을, 임플란트를 앞두고 치과 의사는 내게 절대 담배를 피우면 안 된다고 말했다. "염증이 생길 수 있거든요. 임플란트 이후에 적어도 보름 정도 담배는 절대 안 돼요." 그도 흡연자였다. 치과 진료 기간중에 같이 담배 피우며 술을 마시기도 했다. 그런 사람이 피우지 말라 했으니 피우면 안 될 것 같았다. 그때까지 나는 금연에 수도 없이 실패해왔다. 흡연 욕구가 일면 도저히 참을 수 없었다. 그건 의지의 문제가 아니었다. 내가 어떻게 할 수 없는 것이었다.

  우연하게도 반년여간 담배를 피우지 않았던 기간이 있었다. 2005년 초였다. 담배를 피우지 않고 지낼 수 있었던 유일한 이유는 담배 피우고 싶은 생각이 덜했던 덕분이었다. 이전에는 그런 적이 없었다. 흡연 욕구란 너무도 강해서 도무지 이겨낼 수 없었다. 욕구 자체가 사라지다시피 했으니 피우지 않게 된 것이었다. 왜 그 시점에서 흡연 욕구가 줄어들었는지 이유는 모르겠다. 다만 내 의지로 인한 금연이 아닌 것만은 확실하다. 그래서 나는 금연에 성공했다고 자랑하고 다니진 못했다. 잠시

안 피우고 있을 뿐이었으니까. 언제든 참을 수 없는 흡연욕이 일면 곧바로 굴복할 것이 자명했으니까. 하루가 이틀이 되고, 일주일이 되고, 한 달이 되고, 반년이 되어갔다. 슬슬 완전히 담배를 피우지 않고 지낼 수도 있다는 생각이 들기 시작했다. 그러나 결국 나는 담배를 다시 피우게 되었다.

의지박약 때문도, 흡연 욕구가 도져서도 아니었다. 순전히 소설 때문이었다. 그 여름에 나는 문예지 단편 마감 기한이 지나가도록 원고를 보내지 못했다. 마감 기한을 못 지킨 게 문제가 아니었다. 몇 줄 쓰지도 못했다. 모처럼의 청탁이었고, 그해의 첫 청탁이기도 했다. 여태까지 몇 번 되지도 않는 마감을 지키지 못한 게 두 번인데 그중 하나였다. 그때까지 담배를 피우지 않으면서 썼던 글은 단 하나도 없었다. 헤비스모커였으니까. 하루에 두 갑 이상 피운다는 건 시간당 평균 세 개비 정도는 피운다는 얘기다. 그러니 한 이십 분만에 글 하나 뚝딱 써낼 게 아니라면 담배 없이 썼던 글이 없을 수밖에. PC 옆에는, 노트북 옆에는 늘 재떨이가 있었다.

담당 편집자와 통화했다. 일주일 정도 시간을 받았다. 소설은 여전히 써지지 않았다. 치트키를 써야 했다. 밖에 나가 던힐 라이트를 사왔다. 굳게 결심했다. 반드시 글을 쓸 때만 담배를 피우자.

    모니터 앞에서 담배를 피우기 시작했다. 소설을 쓰기 시작했다. 결심한 대로 소설을 쓸 때만 담배를 피웠다. 아침에 눈을 뜨면 PC 앞으로 가서 곧바로 담배를 피워 물었다. 그러고는 키보드를 두들겼다. 그 여름, 나는 정말 많은 글을 썼다. 일주일 만에 단편소설 원고를 완성해서 보냈다. 그리고 다른 단편소설의 초고를 하나 썼다. 그러고 나서 오래 생각해왔던 장편을 쓰기 시작했다. 제목과 첫 문장은 이미 정해둔 바였다. "아내가 결혼했다." 담배를 피우고 싶었다. 피우기 위해서는 글을 써야 했다. 나 자신과의 약속이니까. 결심이란 굳어야 하니까.

    한 달여가 지나자 슬슬 다른 생각이 들기 시작했다. 아니, 그러니까 이게 꼭 PC 앞에 앉아 글을 쓸 때만 담배를 피워야 하는 건 아니지 않겠는가. 가령 길을 걸으며 소설 생각을 할 때 더 좋은 아이디어가 떠오를 수도 있을 텐데 그때 담배를 피우고 있으면 더 좋은 아이디어가 떠오르지 않겠는가.

그럴싸한 생각이었다. 소설 쓰는 시간이란 키보드 두들기는 시간만이 아니다. 그와는 비할 바 없이 많은 시간이 소모되는데 그 시간의 흡연도 허해야 하지 않느냐는 건 매우 타당해 보이기도 했다. 하여 PC 앞에서 글을 쓰고 있지 않을 때에도 담배를 피우게 되었다. 어쨌거나 담배를 피우면서 장편소설을 끝냈다. 그러고는 다시는 비흡연자로 돌아가지 못할 것 같은, 흡연욕을 결코 이겨내지 못하는 흡연자가 다시 또 되어버렸다.

어떻게 보름이나 담배를 참을 수 있을지 시름 가득한 얼굴로 터덜터덜 걸어가다가 후배를 만났다. 그때는 홍대 언저리에 살 때라 터덜터덜 걸어가다가 아는 얼굴들을 만나기도 했다. 커피를 마시면서 내 걱정을 들은 그가 말했다. "『스탑 스모킹』이라는 책이 있어요. 읽으면 담배 끊을 수 있어요. 나도 그거 읽고 담배 끊었어요."

곧바로 인터넷 서점에 책을 주문했다. 임플란트 시술 전날 밤에 열심히 읽었다. 내용은 기억나지 않지만, 다음날부터 담배를 피우지 않을 수 있었다. 담배를 피우지 않고 보낸 하루가 이틀이 되었고, 한 달이 되었고, 일 년이 되었고 이제 십오 년도 넘었다. 이번 세기 들어 가장 잘한 일이 담배를 피우지 않게 된 거라고 생각하고 있다.

몇 주 뒤에 그 후배에게 그 책 참 신통하다고, 네 덕분에 담배를 피우지 않게 되었다고 말했다. 그가 웅얼거렸다. "나는 다시 피우고 있는데……"

정해진 마감을 넘겼던 또 하나의 소설은 『원할 때는 가질 수 없고 가지고 나면 원하지 않아』이다. 이 글은 약속했던 기한에서 무려 십 년도 더 지나서야 원고를 보낼 수 있었다. 뒤늦게 이런 생각도 든다. 십여 년 전에 장편소설이 막혔을 때 또다시 담배를 피웠어야 했을까. 그랬다면 그때 바로 소설을 완성할 수 있었을까. 소설의 완성과 금연 여부를 선택할 수 있다면 무엇을 택하게 될까. 그 이후로 십 년도 넘게 소설의 끝을 내지 못하리라는 것을 알고 있다면 말이다.

담배 이야기를 한 것은 술 이야기를 하기 위해서다. 나는 오랫동안 술을 좋아하지 않았다. 알코올 분해 효소가 매우 부족한 몸이라 술을 마시면 곧바로 얼굴이 붉어졌다. 친가의 유전적 내력이다. 얼굴이 붉어지는 건 괜찮았지만 두통이 생겼다. 종종 술자리가 생겼는데 두통까지 참아가며 술을 마시는 건 곤욕이기도 했다. 그러다보니 술을 좋아할 수 없었다. 그랬는데.

그즈음에 사귀게 된 사람은 비흡연자였다. 그녀는 내가 비흡연자인 것을 기꺼워했다. 금연하길 잘했다. 그녀는 또 와인을 좋아했다. 그녀는 술을 좋아하지 않았지만 저혈압 때문에 와인을 아주 조금씩 마시게 되었고 그게 또 조금씩 늘다보니 와인 마니아가 되었다고 했다. 그녀의 집은 공동주택이었는데 공동 창고 공간에는 그녀가 이런저런 세일중에 사들인 와인들이 궤짝으로 쌓여 있었다. 프리랜서였던 그녀는 가끔 일하던 중에 와인 한잔을 앞에 놓고 몇 시간씩 홀짝일 때도 있었다. 그러다보니 같이 식사할 때에는, 그리고 그 음식이 한식이 아닐 때에는 거의 항상 와인과 함께하곤 했다. 나는 그녀가 마음에 들었다. 하여 그녀의 눈에 들기 위해 와인을 마셨다. 그런데 두통이 생기지 않았다. 그때 비로소 알게 되었다. 술을 마실 때 두통을 야기했던 것은 술이 아니라 담배였다는 것을. 금연하길 잘했다.

그녀를 만나면서 그녀와 같이 마시면서 아주 조금씩 술이 늘었다. 그리고 그녀와 헤어진 뒤 종종 마시면서, 혼자 마시면서 술이 많이 늘게 되었다. 나는 사소한 수면 장애가 있는데 침대에 누운 뒤 잠이 들 때까지 시간이 걸리는 편이다. 심각한 수면 장애가 있는 이들에 비하면 문제도 아닌 거고, 머리를 대자마자 잠드는 이들에 비하면 문제인 정도다. 어디든 가서 사람들과 같이 밤을 보내게 되면 다른 사람들보다 먼저 잠드는 경우는 매우 드물었다.

나는 그 이유를 잠에 드는 습관이 다른 사람들과 다르기 때문이라 추정한다. 어릴 적부터 자기 전에는 책을 보다가 스르르 잠드는 날이 많았다. 그러다보니 눈을 감고 아무것도 하지 않으며 잠들기를 기다리지 못하는 것이 아닌가 싶은 거다. 여러 식구가 한방에서 자던 아주 어릴 때에는 머리맡에 스탠드를 켜놓고 엎드려 책을 보다가 잠들곤 했다. 나중에 방을 혼자 쓰게 된 다음에는 모로 누워 책을 읽었다. 이쪽으로 누워 읽다가 코가 막히나 싶으면 반대쪽으로 누워 읽었다. 스탠드 불빛보다는 천장의 형광등을 켜고 읽는 게 더 편했는데 문제는 잠이 온다

싶을 때 일어서서 형광등 스위치를 내려야 한다는 것이었다. 그러다보면 들려던 잠이 깰 때가 있으니까. 물론 불을 켜놓고 스르르 잠들면 되지만 그랬다간 전기 아까운 줄 모른다고 야단 맞기 십상이었다. 하여 머리를 썼다. 형광등의 전원 줄을 실로 길게 이어서 머리맡의 책장까지 늘여놓아 테이프로 붙이는 거였다. 어머니는 지저분해 보인다고 질색했다. 학교에 갔다 오면 원래대로 되어 있곤 했다. 어쨌든 책을 읽다가 잠드는 날들은 꽤 오래 지속되었다.

책을 읽다 잠드는 습관의 단점은 책이 재미있으면 잠이 달아난다는 거다. 매우 드문 일이었지만, 밤을 새게 만드는 책들도 있었다. 밤을 새다시피 만들던 책들도 있었다. 물론 그 반대인 책들도 있었다. 잠들기에 가장 좋았던 책은 『죽음의 한 연구』였다. 신입 사원 연수 때 들고 갔다. "공문의 안뜰에 있는 것도 아니고"로 시작되는 책의 첫 문장이 기억난다. 다음날 밤에도 공문의 안뜰에…… 그다음날에도. 얼마 되지 않아 잠들곤 했다. 피곤한 탓도 있었을 거고 그 책 탓도 있었을 거다. 아직까지도 그 책은 두번째 페이지를 다 읽지 못했다.

신입 사원 시절이었다. 나는 일곱시까지 출근해야 했다. 회사는 멀었다. 다섯시 반에는 일어나야 늦지 않게 갈 수 있었다. 밤에는 자야 했다. 책을 읽다가 잘 수는 없었다. 조금이라도 재미있으면 잠을 못 잘 터이니. 효과적인 수면제 대용을 알고 있었다. KBS 바둑을 녹화했다. 노영하 7단이 해설자였다. 노영하 7단의 목소리는 나직하고, 화면은 흔들리지 않아 시야를 방해하지 않았다. 눈 감고 있다보면 잠이 왔다.

회사를 그만둔 다음에는 사소한 수면 장애는 사소한 것이 되었다. 결국에는 잠을 자게 되어 있으니까. 그래도 자고 싶은데 잠들 때까지 시간이 많이 걸리는 건 때로는 성가신 일이었다. 때로는 책을 봤고, 때로는 바둑 티브이를 봤고, 때로는 미드나 영화를 봤다.

술은 이 사소한 수면 장애를 장애가 아닌 것으로 만들어주었다. 주량이 얼마 되지 않다보니 술을 마시면 금방 알딸딸해진다. 그러면서 스르르 잠들게 되는 것이다. 술 마시고 나면 금방 잠드는 것도 친가의 유전적 내력이다.

원래 술은 가장 오래된 수면제였다. 그 가장 오래된 수면제가 내게 가장 효과적인 수면제가 되어주었다. 책보다, 바둑보다, 영화나 드라마보다. 하여 어쩌다보니 자주 술에 의존해서 잠들게 되었다. 와인을 마시기도 했고, 위스키를 마실 때도 있었고, 꼬냑을 마실 때도 있었다. 집 앞에 초대형 마트가 있었다. 그때는 또 이십사 시간 영업하던 때였다. 아무때나 가서 술을 살 수 있었다. 할인이 많이 되는 술을 샀다. 적당히 술기운에 잠드는 게 편하게 여겨지다보니 밖에서 생기는 술 약속도 꺼려졌다. 밖에서 마시면 집으로 돌아오는 길에 술이 깨는데 막상 귀가하고 나서 또 마실 수도 없기 때문이었다. 이런 내 마음을 이미 알고 있는 이가 있었으니.

> 취하면 세상천지 다 잊어버리고 홀연히 홀로 잠에 들면,
> 내 몸이 있음도 알지 못하니 이 즐거움이 최고의 즐거움이라네.
>
> ─이백,「월하독작 3수」부분

그러다가 탁구를 시작하게 되었다. 탁구를 시작하면서 주종이 맥주로 단일화되었다. 땀 흘리고 운동한 다음에 차가운 맥

주를 마셔보니 다른 세상의 맛이었다. 물로도, 탄산수로도, 주스로도 해결할 수 없는 갈증이 있다는 것을, 맥주만이 그 갈증을 해소시킨다는 것을 알게 되었다. 탁구를 치고 나서 마시는 차가운 맥주는 그냥 마시는 술과 다르다. 탁구 때문에 맥주를 끊지 못하고 맥주 때문에 탁구를 끊지 못한다. 이런 건 선순환일까, 악순환일까.

술 마시고 잠드는 게 좋다는 얘기는 아니다. 음주가 좋다는 얘기도 아니다. 운동 후 맥주가 좋기만 하다는 얘기도 아니다. 탁구라도 치지 않으면서 마셨던 나날들은 더 안 좋았다는 거다. 탁구라도 치지 않고 마셨을지도 모르는 나날들은 훨씬 더 안 좋았을 거라는 거다. 탁구 후의 맥주란 참으로 놀라운 술이라는 것을 알게 되었다. 이 세상의 갈증을 다른 세상의 시원함으로 해소하는 즐거움을 알게 되었다.

한낮의 우울, 한밤의 탁구

○

 사는 건 힘든 일이다. 어릴 땐 어려서 힘든 줄 알았다. 내 맘대로 할 수 있는 게 별로 없었으니까. 젊을 때에는 젊어서 힘든 줄 알았다. 도대체 세상이 내 뜻 같지 않지만 뭘 어떻게 해도 여간해서는 바뀔 것 같지 않다보니까. 세상만 내 뜻 같지 않은 게 아니라 내 마음을 앗아간 그녀들 또한. 나이가 들다보니 나이가 들어서 힘든 것 같다. 세월이 나를 앞서 지나가버렸으니까. 이제 다시 생각해보니 사는 것 자체가 힘든 일이다. 나이와는 무관하게.

 삶의 괴로움이란 근본적으로 극복될 수 있는 것이 아니라고 생각한다. 극복되는 경우도 있을 거고 극복하는 사람들도 있을 거다. 문제를 직시하고 극복하는 이들은 훌륭한 사람들이지만 그런 사람들은 극소수이고 그들조차도 언제든 그럴 수 있는 것도 아닐 거다. 보통은 묻어두고, 외면하며 넘어갈 거다. 그런

게 사는 거고 사는 게 그런 거다. 그리고 나는 훌륭한 사람이 못 된다. 그런 쪽으로도, 또다른 쪽으로도.

다시. 삶의 괴로움이란 극복될 수 있는 것이 아니라고 나는 생각한다. 우리는 그저 이 괴로움에서 저 괴로움으로 넘어갈 뿐이다. 내 인생의 가장 큰 괴로움이라면 이 괴로움에서 저 괴로움으로 넘어가지 못했다는 것이다. 스물의 괴로움을, 서른의 괴로움을 너무 오래 붙들고 있었다. 십 년도 더, 이십 년도 더. 이 괴로움에서 저 괴로움으로 넘어가는 것이 아니라 이 괴로움에 저 괴로움이 더해진 나날을 살았다.

삶이 다른 단계로 넘어갈 때 사람들이 숙제처럼 하는 일들이 있다. 취직이라거나, 결혼이라거나, 출산이라거나. 그러면서 삶의 커다란 괴로움들도 이 단계에서 저 단계로 넘어간다. 그런 숙제들을 하지 못했던 사람들은, 그런 사람들 중에서도 숙제를 무시할 만큼 배짱이 좋지 못한 사람들은 이 괴로움을 안은 채 저 괴로움도 또 안게 되곤 한다.

가령 혼자 사는 괴로움이 있을 거고 더불어 사는 괴로움이 있을 거다. 사는 일이란 혼자 사는 괴로움에서 더불어 사는 괴로움으로 넘어가는 거다. 뭐가 더 크고 힘들다는 얘기가 아니다. 이 괴로움에서 저 괴로움으로 넘어가지 못한다면 괴로움에 괴로움이 더해질 뿐이다.

처음에는 이 괴로움이 내 생에서 가장 큰 괴로움일 줄 알았다. 그런데 다른 괴로움이 더 큰 괴로움이 되어 찾아왔다. 새로운 괴로움으로 넘어갔는가 하면 그러질 못했다. 괴로움이 두 개가 되었을 뿐이다. 그러다가 또다른 괴로움이 찾아오는 식이다. 나는 내 삶의 숙제들을 외면해왔다.

우울증이란 일종의 진화병이라고 나는 생각한다. 우울증이란 곧 단순 의사소통의 도구였던 언어가 모든 것을 표현할 수 있을 정도로 발달하면서 생겨난 부작용이자 후유증이다. 인간의 언어가 고도로 발달하면서 인간의 사고도 고도로 발달하게 되었다. 인간은 생존에 필요한 언어들을 빠르게 축적했다. 그 뒤 언어는 생존과 무관한 쪽으로 뻗어나갔다. 존재는 언어를 만들고 언어는 존재를 만든다. 우리의 감정을 언어로 설명할 수 있게 되자 언어는 더 복잡한 감정들을 만들어냈다. 더 복잡해진 감정은 우리 몸에 더 복잡한 영향들을 끼치게 되었다. 인간에게는 이전에 없던 감정들과, 없던 마음들과, 없던 상태들이 생겨났다.

인간은 애초에 이렇게까지 진화할 필요가 없었을지도 모른다. 생명이 자기 자신과 세계의 기원과 의미에 대해 생각할 필요가 있을까. 두뇌는 사고가 아니라 생존을 위해 필요한 거였다. 생각이란 철학이 아니라 생존을 위해 필요한 거였다. 의사소통 또한 마찬가지다. 그러니까 언어는 생존을 위한 정도로만 발달하면 되는 거였다. 집단생활을 하는 다른 동물들, 가령 돌고래 정도의 의사소통이라면, 혹은 유인원 정도라면 적당한 수준 아닐까. 그 정도의 의사소통으로 고래들은 수천만 년 동안 잘 살아왔다. 영장류도 천만 년 넘게 잘 살아왔다. 오직 인간만이 사는 게 불편하다고 아우성치며 불과 백만여 년 만에 고도의 의사소통 체계를, 언어를 만들어냈다. 그 결과 우리는 우주의 기원에 대해 알게 되었고 그 대가로 인류의 사분의 일이 우울이란 증세를 갖게 되었다.

우울의 반대는 행복이 아니라 활력이다.

—앤드루 솔로몬, 『한낮의 우울』 부분

어두운 생각이 많은 날들이라도 몸이 생기를 찾을 때가 있다. 탁구를 칠 때다. 땀 흘리며 작고 하얀 공을 쫓아가다보면 다른 생각들을 하지 않을 수 있었다. 집에 와서 땀을 씻고 시원한 맥주 한잔에 기분 좋게 잠들 수 있다.

새로운 활력이 오래가는 것은 아니어서 새로운 하루가 시작되면 다시 어두운 생각들에 잠식되곤 한다. 그러다가 저녁이 되면 작고 하얀 공을 쫓아다닌다. 만약에 몸을 움직이고 땀을 흘리지 않았다면, 작고 하얀 공을 쫓아다니지 않았다면 얼마나 더 안 좋았을까. 몸이 잠깐 생기를 찾게 되는 그 시간마저 없었다면 어땠을까. 매우 안 좋았을 거다. 사람의 일이란 좋은 쪽으로는 한계가 있지만 좋지 못한 쪽으로는 바닥이 없으니까 말이다.

탁구는 우리 삶의 문제들을 해결해주지 않는다. 아무리 기분 좋게 몸을 움직이고 땀을 흘리더라도 우리는 돌아와 다시 삶의 문제에 직면하게 된다. 다만 잠시나마 그 문제에서 오는 괴로움을 잊을 수는 있다.

  공이란 놀이를 위해 만들어졌다. 공을 가지고 하는 종목은 본질적으로 놀이에 가깝다. 라켓을 들고 하얀 공을 쫓아다니다 보면 즐거운 마음으로 땀을 흘리게 된다. 그러다보면 몸에 활기가 돈다. 몸에 활기가 돌면 마음에도 활기가 돈다. 어쩌면 우리 인생의 문제들을 다르게 바라볼 수 있는 여유가 조금 생길지도 모른다. 그렇게 우리는 우울의 반대편으로 조금 움직일 수 있을지도 모른다. 그러다보면 조금 더 좋은 날이 우리에게 올지도 모른다.

탁구장이 있는 가장 가까운 곳이 강릉이었다

○

　은행가들은 모이면 예술 얘기를 하고 예술가들이 모이면 돈 얘기를 한다고 오스카 와일드가 말했다. 예전에 그 문장을 보면서 은행가의 아들인 루카치를 떠올렸다.『소설의 이론』을 쓸 수 있는 혁명 이론가는 그런 배경에서 성장한 것일까 생각했던 것 같다.

　종종 만나는 이들 중에 탁구를 치는 문인들이 있다. 취미가 같으니 자주 만나게 된다. 더불어 땀 흘리며 탁구를 치고, 어울려 차가운 맥주를 마시면서 웃고 떠들면 행복해진다. 그런데 우리는 돈 얘기 따위는 해본 적이 없다.

　이들과 만나 문학과 인생과 사랑에 대해, 더 깊이 들어가 존재의 의미라거나 삶의 근원적인 불가해성 같은 테마에 대해 심도 있는 대화를 나누어본 적도 없다. 우리는 그냥 탁구 얘기만

한다. 서로의 작품에 딱히 관심도 없다. 뭐라도 썼겠지. 다만 탁구 이야기라면 눈에 불이 켜진다.

"선생님, 백 드라이브 좋아지셨습니다."
이분들이 상대에 대해 긍정적인 면모만 보아주는 훌륭한 인성의 소유자들이 아니다. 마구 비난도 한다. 말이 격해지고 짧아진다.
"아니, 드라이브가 뭔지는 아십니까? 커트만 대는 탁구가 탁구입니까!"
"아, 쌤. 거, 탁구 참 이상하게 치시네."

이들과 강원도로 짧은 여행을 갔을 때였다. 각자의 가방 안에는 물론 탁구 장비가 있다. 일요일이라 숙소 부근에 하나 있는 탁구장이 문을 닫았다. 연고를 총동원해 탁구대가 있는 시설들을 알아봤지만 결국 뚫지 못했다. 이 사람들은 굳이 대관령 넘어 강릉까지 차를 몰았다. 바다를 보러? 회를 먹으러? 아니다. 탁구장이 있는 가장 가까운 곳이 강릉이었다.

내가 딱 한마디를 했을 뿐이다.

"어차피 우승은 제가 할 텐데 뭘 또 굳이 탁구를 칩니까."

그 말에 다른 이들이 분기탱천하여 급발진했다. 그렇게 안 봤는데 사람이 오만하다느니, 내가 그동안 얼마나 늘었는지 아느냐느니 하는 소리들을 한참 들어야 했다.

하지만 어차피 우승은 내 차지일 것이었다. 내가 제일 잘 치기 때문이다. 내가 제일 잘 치는 이유는 타고난 운동신경과 빛나는 외모 때문은 아니고 그저 레슨을 제일 오래 받았기 때문이다. 나는 운동신경같이 좋은 건 타고나지 못했다. 빛나는 외모는 늦은 밤 아파트 엘리베이터 안에서나 그러할 뿐이다. 자본주의 시대, 돈 들인 탁구는 돈값을 한다는 자본주의적 법칙 때문에 내가 이기는 것이다.

그러나 그날 우승은 다른 이가 차지했다. 딱 봐도 돈 안 들인 탁구인데, 돈 안 들일 탁구인데, 못 배워먹은 탁구인데 걸면 거는 대로 때리면 때리는 대로 드라이브며 스매싱이며 다 들어오는데 도저히 이길 수가 없었다.

블레이드를 슬슬 바꾸어볼까 하던 즈음, 때마침 대폭 할인을 하는 값비싼 블레이드가 있어서 사버렸다. 다만 그 블레이드는 수비형 블레이드였다. 서효원처럼, 주세혁처럼 롱커트를 하는 전형이 수비 전형이다. 수비형 블레이드는 반발력이 낮다는 특징이 있다.

블레이드가 비싸고 좋은 거라면 사람을 블레이드에 맞추면 된다. 배우고 때로 익히면 즐거운 일 아니겠는가. 비싼 블레이드에 롱핌플 러버를 붙이고 롱핌플 수비 전형 레슨을 받기 시작했다.

막 배우기 시작한 롱핌플 전형이라 백전백패. 상대방의 롱핌플에 적응을 못하는 걸 이 동네에서는 뽕을 탄다고 말한다. 그러니까 내 상대방들이 뽕을 타야 했다. 하지만 익숙하지 않다 보니 상대가 아니라 오히려 내가 뽕을 타고 있었다. 꼴찌를 도맡아 했다. 그동안 내게 늘 패하던 저 무리가 환호작약했다. 참다못해 나는 은근슬쩍 원래 쓰던 라켓을 꺼내들었다.
"아니, 쌤! 그거 집어넣어요. 롱핌플 전형으로 바꾸었으면 롱핌플로 쳐야지요."

다시 롱핌플 수비 전형 라켓을 잡아야 했다. 한동안 꼴찌를 더 해야 했다. 차가운 맥주를 사야 했다. 하지만 여기는 자본주의 사회. 돈 들인 탁구는 돈값을 한다. 꾸준히 롱핌플 레슨을 받으며 오래지 않아 나는 우승자의 면모를 되찾았다.

수비 전형 레슨을 여러 달 받아보니 세상에 고생도 그런 개고생이 없었다. 앞으로, 뒤로, 포사이드로 백사이드로 뛰어다녀야 했다. 그런 건 내가 지향하는 탁구가 아니다. 테이블의 모차르트, 얀 오베 발트너가 이렇게 말했다. "나는 공이 오는 곳에 서 있기 때문에 움직일 필요가 없다. 게임의 모든 수를 읽고 있으니까."

이런 게 내 스타일이다. 비록 게임의 모든 수를 읽고 있는 건 아니지만 그런 건 차차 하기로 하고, 탁구 때문에 생겼던 족저근막염도 아주 없어지지 않았겠다, 일단 덜 움직이는 것부터 발트너처럼 해도 되지 않겠는가. 원래 내가 지향하는 탁구는 땀을 아끼고, 발을 아끼고 몸을 아끼는, 곧 사람을 아끼는 탁구다.

OX 롱핌플 전형으로 바꾸었다. 스펀지 있는 롱핌플이 중, 후진에서 롱커트를 하는 스타일이라면 스펀지 없는 OX 전형은 전진에서 블록을 하는 스타일이다. 도쿄 올림픽에서 신유빈이 고전했던 룩셈부르크의 니시아리안이 OX 롱핌플 전형이다. 가만히 서서 툭툭 막는 스타일이다. 덜 움직일 수 있다.

비슷하지만 다른 전형이라 이 또한 적응하는 데 시간이 걸렸다. 그사이 나는 또 꼴찌를 했고 이 무리는 또 환호작약했으며 나는 차가운 맥주를 사야 했다. OX 롱핌플 레슨을 따로 받았다. 막강하여라, 자본주의. 오래지 않아 나는 또 우승자의 면모를 되찾았다.

코로나가 심해졌다. 나라가 셧다운 체제로 들어갔다. 탁구장도 문을 닫았다. VR 기기로 탁구를 칠 수 있다는 말을 듣고 곧바로 구입했다. 바다 건너온 VR 기기를 머리에 쓰고 탁구를 해보았다. 듣던 대로 실제와 비슷했다. 스텝과 스윙은 거의 똑같을 정도였다. 공을 주우러 가지 않아도 된다는 것도 큰 장점이었다. 다만 스핀 지수가 과하게 설정되어 있어서 비현실적인 서브가 난무했고 갖다대기만 해도 드라이브가 걸렸다. 셧다운

기간 동안 VR 탁구의 랭킹 점수를 팍팍 올렸다.

섯다운이 풀리고 다시 탁구장에 갔다가 깜짝 놀랐다. 감각이란 어쩌면 그렇게 금방 달라지는지 몇 주간의 VR 탁구로 실제 탁구의 감각을 잃어버린 것이었다. 주화입마랄지 입스 같은 것에 빠진 느낌이 그런 것일까. 아무리 힘차게 스윙을 해도 도통 공이 나가지 않았다. 드라이브가 되지 않았다. 그리하여 물론 저 무리는 환호작약했고 나는 또 한동안 꼴찌를 하면서 맥주를 사야 했다. 하지만 결국 위대한 자본주의의 힘으로 극복해냈다.

이후 주화입마를 두려워하여 VR 탁구를 멀리하다가 어깨가 안 좋아졌을 때 다시 꺼내들었다. VR 기기로 왼손 탁구를 시작했다. 처음엔 왼손으로 하는 포핸드 스윙이 어색하더니 시간이 지나면서 아주 조금씩 익숙해졌다. 나중에는 왼손 포핸드 드라이브 스윙이 가능해졌다. 유레카!

나중에 언젠가 오른쪽 어깨라거나 엘보우라거나 손목이 매우 안 좋아진다면 그때는 왼손 탁구를 하면 될 것 같다. 그런 일이 생긴다면 아마 저 무리는 몇 년간 환호작약하겠지만 그 또

한 결국 자본주의의 힘으로 극복할 수 있을 거다.

극복하지 못하고 꼴찌만 해도 좋을 거다. 싫어하는 게 비슷하다면 인생의 괴로움을 나눌 수 있다. 좋아하는 게 비슷하다면 즐거움을 같이 누릴 수 있다. 탁구를 치면 더불어 즐거움을 누릴 수 있다. 차가운 맥주야 누가 사든 그곳은 웃음으로 가득할 거다.

탁구는 몸을 써서 땀을 흘리는 일이다

○

　이세돌은 알파고를 이긴 최초이자 최후의 인간이다. 이세돌 이전에 이창호가 있었고 이창호 이전에는 조훈현과 조치훈이 있었다. 팔십년대 세계 바둑의 원탑은 '목숨을 걸고 둔다'라고 말했던 조치훈이었다. 그 조치훈이 어느 인터뷰에서 이기고 지는 일에 대해 이렇게 말했다. "이겼을 때의 기쁨이란 졌을 때의 괴로움에 비한다면 그 만분의 일쯤 될까요."

　패했을 때의 괴로움이 그만큼 크다는 얘기일 거다. 이겼을 때의 기쁨이란 패했을 때의 괴로움을 겪지 않는다는 게 고작이라는 얘기일 거다. 프로의 세계라 더 그러겠지만 아마추어의 세계에서도, 생활체육 탁구의 세계에서도 지는 건 괴로운 일이다. 내내 지는 건 괴로운 일이다. 중요한 경기에서 지는 건 괴로운 일이다. 지고 싶지 않은 상대에게 지는 건 괴로운 일이다.

다만 조치훈의 말과는 다른 지점도 있다. 바둑의 경우 승리 세리머니라는 게 없다. 이기고 지는 모든 과정이 머릿속에서 일어난다. 승리했을 때 순간적으로 아드레날린이 폭발하기야 하겠지만 그걸 몸으로 표현하게 되지는 않는 거다.

탁구의 경우 이겼을 때의 기쁨이 졌을 때의 괴로움에 비해 만 분의 일은 아니다. 경우에 따라서는 기쁨이 만 배가 될 수 있을 것도 같다. 탁구는 몸을 써서 땀을 흘리는 일이다. 땀이 주는 순정한 기쁨이 있다. 온몸으로 온 힘을 다해 어려운 상황을 이겨냈을 때 도파민이 폭발하는 듯한 쾌감이 있다.

그리고 또 최선을 다해 할 만큼 했는데 졌다면 크게 아쉽지도 않다. 수사가 아니다. 많은 경우 땀을 흘리며 열심히 한 걸로 충분하다. 내가 할 만큼 했는데도 졌다면 상대가 나보다 잘한 거고 상대가 나보다 잘했다면 그가 이기는 게 온당한 일이다. 땀이 주는 순정한 괴로움이란 사실 그리 괴로운 게 아니다. 적어도 생활체육은, 탁구는 그런 것 같다.

내게 지고 싶지 않은 경우란 매너가 썩 좋지만은 않은 상대와의 경기다. 의도적으로 서브 폴트를 일삼는다거나, 과도한 샤우팅을 한다거나 혹은 그냥 딱 봐도 재수없다 싶은 상대라거나. 내가 오랜 기간 동안 레슨을 받는 이유 중 하나는 그런 경기에서 그런 상대에게 지지 않기 위해서다.

하지만 지지 않으려 몸부림치다보면 과하게 힘이 들어가서 경기력은 더 나빠진다. 그러다보면 질 때가 더 많다. 실로 안타깝게도. 오랫동안 돈 내고 레슨 받은 보람도 없이 말이다.

그럴 때마다 마음을 다스린다. 처음 진 것도 아니고 마지막으로 지는 것도 아니다. 나는 앞으로도 많이 질 거라, 지는 일로 속상해하는 게 습관이 되면 안 된다. 속상해하는 걸로 멘탈을 더 약하게 하면 안 된다. 탁구는 어디까지나 즐거움을 위한 일이다. 또 지지 않기 위해 대비도 한다. 레슨을 계속 받는 걸로.

실력이 조금씩 늘면 지고 싶지 않은 경기에서 몸에 힘이 덜 들어갈 수 있을 거다. 전보다는 덜 지게 될 거다. 멘탈이 좋아지게 될 거다. 나중에는 그런 상대와의 경기도 가벼운 마음으로 즐기게 될지도 모른다. 지고 싶지 않은 상대와의 경기에서도 괴로움보다 즐거움이 커질 거다. 만 배쯤.

탁구 잘 치는 인간들이 왜 그리 많은 건지
―――――――――――――――――――――――――

○

　나는 스포츠 보는 것을 좋아하고, 성장 서사를 좋아하고, 만화를 좋아한다. 그러니까 스포츠 성장 만화를 매우 좋아한다. 스포츠 성장 만화의 플롯은 거의 다 비슷하다. 성장기의 청소년인 주인공이 스포츠를 통해, 자기 자신을 쏟아붓는 각고의 노력 끝에 성취와 사랑을 얻으며 성장한다는 얘기다.

　대회에 대한 로망이 하나 있었다. 물론 성장이나 사랑을 기대하는 건 전혀 아니다. 물리적으로 그럴 수 있는 나이도 아니고, 다른 한편으로는 성장 서사는 허구라고 생각하기 때문이다. 다만 대회를 열심히 준비해서 입상하게 된다면 정서적으로 실질적으로 이전과 다른 어떤 느낌이 있을 수도 있지 않을까 생각하기는 했다.

　첫 대회에서 예선 탈락을 하고, 얼마 뒤에 나간 두번째 대회에서는 본선 2회전에서 탈락했다. 세상에 나가보니 내가 있던 우물은 정말 작았다. 우물 밖에는 강자들이 우글거렸다.

마음으로 칼을 갈았다. 실력을 키워 돌아오리라. 비싼 블레이드를 샀다. 비싼 러버를 붙였다. 레슨을 받으며 실력을 키웠다. 그러나 기껏 실력을 키워놓았더니 코로나가 세상을 덮쳤다. 반드시 필요하지는 않다고 여겨지는 모든 것이 중단되었다. 탁구는 반드시 필요한 일이 전혀 아니었다. 대회는 모두 중단되었다. 타의로 더 오랫동안 실력을 키워야 했다.

코로나가 끝났다. 시간이 지나면서 많은 것이 일상으로 돌아왔다. 대회도 재개되었다. 마음으로 벼려놓은 칼을 품고 대회에 나갔다. 생활체육 탁구 대회에는 지역 대회와 오픈 대회가 있다. 대개 지역 대회는 협회장배와 지자체장배가 연간 두 번 열린다. 봄과 가을, 원칙적으로 지역 주민, 지역 직장인들만 나갈 수 있다. 오픈 대회는 지역 제한 없이 누구든 참가할 수 있다. 당연히 오픈 대회가 참가자 수준이 높고 입상하기가 더 어렵다. 오픈 대회를 할 때 지역인만 참가할 수 있는 관내부는 따로 진행한다.

코로나 이후 처음 나간 대회는 여름의 김포 오픈 대회였다. 직전에 김포로 이사한지라 관내부로 나갈 수도 있었지만 키워놓은 실력을 발휘하기에는 오픈 대회가 더 좋아보였다. 우승 상품으로 러버와 김포 쌀 이십 킬로그램을 준다. 단식, 복식 모두 우승하면 사십 킬로그램이나 되는데 그걸 어떻게 들어서 차로 옮기나 걱정했다. 그러나 대회 끝나고 내가 들고 간 것은 참가 기념품으로 받은 쌀 오백 그램이 전부였다. 단식에서는 또 예선 탈락을 했고 복식에서도 금방 탈락했다. 나를 이긴 사람들이 입상했는가 하면 그런 것도 아니었다. 그러니까 대회에서 나 정도를 가볍게 이길 수 있는 사람들은 차고 넘치는 거였다. 대회에 한번 나가보면 절감하게 된다. 탁구 잘 치는 인간들이 왜 그리 많은 건지.

세상은 너무 넓고 방금 빠져나온 우물은 너무 좁았다. 하여 조금 덜 넓은 세상부터 나가기로 방향을 바꾸었다. 가을에 열린 김포 시장기 대회에서는 희망부 바로 위의 부수로, 제일 처음 나가서 초광속으로 예선 탈락했던 그 부수로 나갔다. 어디까지나 겸허하게.

결과는 우승이었다. 과정이 쉽지만은 않았다. 대회라는 게 그런 거다. 아무리 실력이 좋아도 하필 그 대회에 나보다 실력이 조금 더 나은 사람이 나온다거나, 하필 어느 경기에서 실수와 불운이 반복되거나 한다면 탈락하는 거다. 한두 번 고비를 넘기고 나니 첫 우승이었다. 체육관 단상에서 상장을 들고 사진도 찍었다. 당연하게도 기뻤고 의외로 담담하기도 했다.

그리고 나서 지금까지 여러 차례 대회를 나가보았다. 예선에서 탈락한 적도 있고, 본선 초반에 탈락한 적도 있다. 그러는 와중에 입상도, 우승도 더 해보게 되었다.

생각해보면 기가 막힌 일이다. 나는 초중고 시절 체육 관련 상장을 받아본 적이 없다. 사실은 체육뿐만 아니라 글짓기를 포함해서 예체능 관련 상장을 받아본 적이 없다. 그러하다보니 그런 쪽으로는 영 소질이 없다고 생각했다. 친구들과 어울려 공을 차며 뛰어놀기는 했어도, 체육 과목과는 도무지 맞지 않는 몸이라고 생각했다. 몇 년간 체력장에서는 최하위 등급인 5급이 나왔다. 백 미터 달리기에서 이십 초를 넘긴 적도 있었다.

중3 때였다. 그때는 고입 연합고사가 있었는데 이백 점 가운데 체력장에 이십 점이 배점되어 있었다. 아마 구십구 프로쯤 만점을 받았을 거다. 하지만 체력 등급 5급이라면 일 프로의 가능성이 걱정되기도 한다. 해서 한 달 전부터 아침에 일어나서 동네 놀이터로 달려가 턱걸이를 했다. 한 달 동안 아침에 운동을 했더니 팔다리에 근력이 마구 생겨버렸다. 성장기여서 그랬을 것이다. 백 미터를 십삼 초에 뛰고 턱걸이를 열댓 개 하고 던지기 만점 받고 하면서 반에서 두번째로 높은 점수를 받았다. 인간 승리가 따로 없었다. 체력장 종목에 대해서는 자신감이 생겼다. 하지만 여전히 내가 체육 종목에 소질이 없다고 생각했다. 운동신경이 없다고 생각했다. 공을 차보면 안다. 나는 몇 날 며칠을 해도 어려운 페인트 동작을 운동신경이 좋은 친구들은 금세 손쉽게 해내는 걸 보면 아예 다르게 태어났다는 걸 알게 된다.

어쨌든 초중고 십이 년간 예체능 쪽으로는 상장 한 장 받아본 적이 없었다. 그런데 이제 탁구 때문에 지역협회장 명의의 상장도, 시장 명의의 상장도, 대한탁구협회장 명의의 상장도 있다. 이게 다 무슨 일인가 싶기도 하다. 사실 더 기막힌 일은 글과 관련된 거다. 글짓기 상장 한번 받아보지 못했는데 프로 작가가 되어 있으니 말이다.

어쩌면 내게 스스로 알아차리지 못했던 재능이 이것저것 있었던 것은 아닐까. 제대로 배우고 시간을 들여 익히면 발현될 그런 재능들 말이다. 만약 그런 게 있었다면 기왕이면 글보다는 음악 쪽에서 뒤늦게 발현되었다면 좋지 않았을까 싶기도 하다. 음악이야말로 가장 쉽게 우리를 행복하게 할 수 있으니 말이다.

혹 사랑에 대해서는 어떠했을까. 사랑을 하고 사랑을 받는 재능도 있었을까. 스스로 없다고 생각한 재능이지만, 제대로 배우고 시간을 들여 정성껏 익혔다면 나 아닌 다른 이들을, 다른 것들을 온전히 사랑할 수 있었을까. 그럼으로써 혹은 온전히 사랑받을 수 있었을까. 하여 행복해질 수 있었을까.

그렇게 우리, 탁구를 치자

○

이생이 나에게 탁구공을 던졌다.
머리통 위에는 팔월의 햇살이 꽂히고
머리통 안에선 버려진 여자의 이름이
탁구공처럼 굴러다니는 한낮이었다.

—안현미, 「탁구장」 부분

   이생은 내게도 그 작고 하얀 공을 던졌다. 나는 그 공을 받아넘겼다. 공은 되돌아왔다. 나는 다시 받아넘겼다. 그렇게 십 년이 지나갔다. 그동안 탁구 때문에 좋았던 날이 많았다. 웃을 일이 많이 생겼다. 땀 흘린 뒤에 좋은 마음으로 시원한 맥주를 마셨던 날이 많았다.

   그 공이 당신에게도 가기를 바란다. 당신도 그 공을 받아넘겼으면 좋겠다. 언젠가는 당신과도 탁구대 앞에서 만날 수 있기를. 그렇게 우리, 탁구를 치자.

2부

탁구를 읽자

탁구의 기원

위프와프Wiffwaff라는 스포츠 의류 브랜드가 있다. 탁구장에서 흔히 보게 되는 브랜드 중 하나다. 탁구 몇 년 치다보면 단체복이다 뭐다 해서 그 브랜드의 운동복을 하나쯤은 갖게 된다. 위프와프란 탁구를 뜻하는 단어다.

1880년대 영국 귀족들은 저녁식사 후 실내에서 테이블 중앙에 책들로 네트를 만들고 책을 라켓 삼아 골프공을 쳐 넘기는 놀이를 했다. 처음에 책과 골프공을 사용했다가 이후 담배 상자 뚜껑으로 만든 라켓과 샴페인의 코르크 마개로 만든 공을 사용했다.

이 놀이의 이름이 바로 위프와프다. 위프와프란 탁구의 초기 명칭 중 하나다. whiff-waff는 의성어인데 휘프, 와프 하는 소리가 났나보다. 골프공 소리는 아닐 듯싶고, 아마도 코르크 공이 휙휙 오가면서 나는 소리인 듯싶다. 이 위프와프가 탁구의 기원이라는 설이 유력하다.

탁구에는 핑퐁ping-pong이라는 명칭도 있다. 이 또한 의성어다. 이건 셀룰로이드 공을 칠 때 나는 경쾌한 소리에서 만들어진 명칭이었을 것 같다. 핑퐁은 매우 직관적인 의성어다. 결과론적인 얘기겠지만 핑퐁이라고 하면 탁구나, 적어도 비슷한 것이 곧바로 떠오른다. 탁구의 명칭으로는 그만한 것이 없다. 하지만 탁구의 공식 명칭은 핑퐁이 아니다. 핑퐁이라는 이름이 상표로 등록되어 있기 때문이다. 그리고 또 핑퐁은 탁구와는 다른 별도의 게임 이름이기도 하다. 룰이 다르고 용구가 다르다.

초기의 탁구가 실내 놀이로 제법 인기가 있었던지 1900년에 영국 장난감 제조사인 햄리 브라더스Hamley Brothers가 핑퐁에 대한 상표권을 등록했고 곧이어 자크Jaques사와 공동 상표권자가 되었다. 다른 업체들에서는 다른 명칭을 써야만 했는데 그중 하나가 테이블 테니스table tennis다. 이게 탁구의 공식 명칭이 되었다.

테이블 테니스와 관련된 탁구의 기원에 관한 설이 또하나 있다. 영국 귀족들이 비가 오면 밖에서 테니스를 할 수 없어서 실내에서 테이블에 네트를 만들어 공을 넘기는 놀이를 하면서 시작되었다는 것이다. 테니스의 대용으로 실내에서 하는 게임이니 당연히 테이블 테니스라고 했을 것 같다.

그런데 테이블 테니스에서의 테이블이란 책상이 아니라 밥상이었다. 탁구대의 규격은 가로 세로 높이가 1,525×2,740×760밀리미터다. 이 사이즈는 키 큰 사람들에게는 작아 보이고 어린 아이들에게는 매우 커 보인다. 시대의 변화에 따라 탁구와 관련된 많은 것이 바뀌어왔는데 탁구대의 규격만큼은 변하지 않았다.

탁구대 크기가 왜 이렇게 정해졌는가 하면 1880년대 영국 귀족들의 식탁 크기가 대략 이 정도였기 때문이다. 더 큰 경우도 많았을 테고 더 작은 것도 많았겠지만 어쨌든 표준적으로는 저 정도였다고 한다. 대영제국의 귀족쯤 되면 그 정도 크기의 식탁에서 사람들 모아놓고 밥을 먹었나보다.

그런 의미에서 우리가 탁구장에서 작은 대회를 마치고 뒷풀이를 할 때 종종 탁구대 위에 이런저런 것들을 늘어놓고 먹고 마시며 담소를 나누는 것은 탁구대의 기원에 매우 충실한 것이라고 할 수 있겠다.

마지막으로, 아프리카나 인도 등 더운 식민지에 살던 영국인들이 더위를 피해 실내에서 놀기 위해 만들었다는 설도 있다. 탁구의 기원에 대한 유력한 세 가지 설의 공통점은 1880년대 영국 귀족들이 실내에서 식탁에 네트 치고 도구를 이용해 공을 쳐 넘기는 놀이를 했다는 거다.

세계사적으로 볼 때 빅토리아 시대의 영국인들이 세계 곳곳에서 나쁜 짓을 참 많이 했다. 여러모로 당시 세계의 해악과도 같은 존재라고도 할 수 있다. 그 와중에 탁구가 만들어졌고 또 축구도 만들어졌다.

탁구와 축구라 하니, 탁구에는 또 티키타카라는 명칭도 있다. 티키타카란 짧은 패스로 경기를 풀어나가는 축구 전술을 일컫는 용어로 알려져 있다. 이 전술은 스페인 축구의 전통이기도 하고, 무엇보다 펩 과르디올라 감독 시절 FC 바르셀로나가 리오넬 메시와 더불어 이 티키타카 전술로 세계 최강의 자리에 오르기도 했다.

티키타카는 위프와프나 핑퐁처럼 탁구를 나타내는 의성어다. 스페인 사람들 귀에는 탁구공이 테이블에 부딪히는 소리가 틱, 탁 하는 소리로 들렸나보다. 우리에게도 그렇게 들린다. 탁, 탁. 그래서 탁구라는 명칭이 아주 자연스럽게 여겨진다.

휩, 홥, 핑, 퐁, 틱, 탁. 라켓을 들고 테이블 앞으로 가서 탁구를 치고 싶게 만드는 의성어들이다.

작고 가벼운 탁구공 하나

○

작고 가벼운 공 하나가 공중으로 올라가면 새로운 세계가 시작된다. 공의 무게는 2.7그램, 지름은 40밀리미터에 불과하다.

탁구에 셀룰로이드 공을 사용하기 시작된 것은 1898년부터다. 이후 백여 년간 탁구와 관련된 수많은 것이 바뀌었지만 공은 바뀌지 않았다. 1898년 이전의 탁구공은 고무공이었다. 고무공과 달리 셀룰로이드 공으로는 새롭고 다양한 기술들을 쓸 수 있었다. 셀룰로이드 공은 소리도 경쾌했다. 셀룰로이드 공을 탁구에 도입한 영국의 제임스 깁은 공 소리에 착안해서 이 놀이를 이렇게 명명했다. 핑퐁!

셀룰로이드 재질은 처음부터 공을 만들기 위해 개발되었다. 그렇게 만들어진 공이 최초의 플라스틱 제품이기도 하다. 바로 당구공을 만들기 위해서였다. 당구공 한번 값싸게 만들어보자고 한 일이 오늘날 이렇게까지 커져버렸다. 이 넘쳐나는 플라스틱 쓰레기들이라니. 고작 당구공 하나 만들자고.

당구공은 이전에 상아로 만들어졌다. 이 때문에 코끼리들이 대거 희생되었다. 상아 하나로 만들 수 있는 당구공은 예닐곱 개밖에 되지 않았다. 당구가 널리 퍼질수록 코끼리들은 더 많이 희생당했다. 코끼리 숫자가 줄어들면서 상아 값은 천정부지로 치솟았다. 하여 당구공 제조업체에서는 1863년에 상아 재질이 아닌 당구공 개발에 만 달러라는 거액의 상금을 내걸었다.

미국의 인쇄공 하이엇은 석탄에서 뽑아낸 물질로 상아와 유사한 재질을 만들었다. 이를 셀룰로이드라 명명하고 1870년에 특허를 따냈다. 그러나 그는 상금을 일부밖에 받지 못했다. 셀룰로이드에 치명적인 결함이 있기 때문이었다. 셀룰로이드의 주성분인 나이트로셀룰로스는 폭약의 재료이기도 했다. 곧 잘 터지는 물질이었다. 당구를 치다가 폭탄 터지는 일이 생겨서야 되겠는가.

비록 당구공으로 쓰이지는 못했지만 셀룰로이드는 수많은

제품의 재료로 쓰이게 되었다. 셀룰로이드는 상아 느낌을 냈기 때문에 이전에는 상류층만 쓰던 값비싼 상아 제품들을 유사품의 형태로 일반인들도 쓸 수 있게 되었다. 그리고 또 셀룰로이드는 열을 가하면 원하는 형태로 모양을 만들 수 있어서 다양한 장난감들의 소재로 사용되었다. 그중 하나가 작고 가벼운 공이었다. 그게 대서양을 건너와서 탁구공이 되었다. 셀룰로이드 탁구공으로부터 비로소 탁구가 시작되었다.

2000년 10월에 탁구공의 크기가 바뀌었다. 38밀리미터에서 40밀리미터로 커졌고 무게도 2.5그램에서 2.7그램으로 늘었다. 공의 크기를 바꾼 공식적인 이유는 올림픽 종목으로 살아남기 위해서였다. 공이 커지면 회전과 스피드가 줄어든다. 공의 회전과 스피드가 줄어들면 랠리가 길어진다. 랠리가 길어지면 보는 재미가 더 커질 수 있다. 티브이 중계는 스포츠의 룰 개정을 촉진했다. 보는 재미를 증가시키는 데에 초점이 맞추어졌다.

그러나 공의 크기를 변경한 실질적인 이유는 중국 견제였다는 얘기도 있었다. 아마 그랬을 거다. 공이 커지면 회전과 스피드를 주기 위해서 더 많은 힘이 필요하다. 이는 중국 선수들보다는 힘이 좋은 유럽 선수들에게 유리한 일이었다.

　1996년 애틀랜타 올림픽 남자 단식에서 김택수는 8강에 그쳤다. 독일의 로스코프에게 패했다. 중국의 류궈량은 로스코프를 4강에서 이기고 결승에서는 왕타오를 이겼다. 불과 스물의 나이에 올림픽 금메달리스트가 되었다. 이후 1999년 에인트호번 세계선수권대회에서 우승하기도 했다. 이때가 류궈량의 절정기였다. 그뒤로는 악재가 이어졌다. 류궈량은 숏핌플 전진속공 전형이다. 영광의 사 년 동안 그가 사용했던 숏핌플 러버 TSP spinpips가 성질이 매우 더럽다며 사용이 금지되었다. 그 여파인지 2000 쿠알라룸푸르 세계선수권대회 단체전 결승에서는 스웨덴 탁구의 원투펀치 발트너와 페르손에게 모두 져버려서 중국 준우승의 주역이 되기도 했다. 그 대회가 중국이 세계대회 단체전에서 우승하지 못했던 마지막 대회였다. 그나저나 잘 쓰던 러버 못 쓰게 하고 공도 느린 공 쓰라고 하고 서브 규정도 바꾸어서 히든서브 못 넣게 하고…… 왜 나한테만…… 그래서인지 어째서인지 어쨌든 은퇴했다. 불과 스물다섯의 나이에.

　다만 중국에는 류궈량 같은 올림픽 금메달리스트 하나 일찍

은퇴했다 해서 티가 안 날 정도로, 탁구공 2밀리미터쯤 커졌다 해서 아랑곳하지 않아도 될 정도로, 히든서브 금지되었다 해서 신경 안 써도 될 정도로 수많은 인재가 있었다. 중국 독주의 양상은 계속되었다.

2014년에 탁구공이 다시 바뀌었다. 이번에는 재질 자체가 달라졌다. 2004년 아테네 올림픽 때 IOC에서 이해 못할 일이 벌어졌다. 도대체 왜 탁구공을 아테네로 실어나르는 데 두 달이나 걸리는가. 조사하면 다 나온다. 이유는 탁구공의 재질 때문이었다. 셀룰로이드는 기내 반입 금지 품목이었다. 셀룰로이드로 만들어진 탁구공을 비행기에 실을 수 없었다. 그래서 배로 운반하다보니 두 달이 걸린 것이었다. 그럼 그전에는 어떻게? 수십 년 동안 비행기에 잘 싣고 다녔다. 그사이에 무슨 일이 있었냐면 9·11테러가 있었다. 기내 보안이 강화되었고 기내 반입 금지 물품이 대폭 확대되었다. 가위나 야구방망이 같은 것도 금지되었다. 하물며 주성분이 폭약 성분인 셀룰로이드를 어찌 비행기에 실을 수 있겠는가.

이에 IOC에서는 ITTF국제탁구연맹에 공을 바꾸라고 강력하게 권고했다. 올림픽에서 살아남기 위해 공 크기도 바꾸었는데 재질인들 못 바꾸겠는가. 2010년 ITTF에서는 탁구공의 재질을 기존 셀룰로이드에서 플라스틱으로 바꾸겠다고 약속했다. 그리고 2012년 도르트문트 총회에서 이를 공식화했다. 이 년간의 유예기간을 거쳐 2014년부터 플리스틱 공을 사용하게 되었다.

ITTF 회장 아담 샤라라는 2012년 인터뷰에서 이렇게 밝혔다. "기술적 관점에서, 우리는 볼 스피드를 줄이려고 한다. 우리는 바운스 한도를 설정해 기술 실험을 계속 해나갈 것이다. 중국 선수들의 스트로크는 볼이 보이지도 않는다. 볼은 더 느려져야 한다. FIFA는 축구공을 더 가볍고 더 빠르게 만들었지만 우리는 셀룰로이드에서 플라스틱으로 바꿈으로써 스핀과 바운스를 더 줄일 것이다. 우리는 게임 속도를 조금 더 느리게 하고자 한다." 간단히 말해 기왕 바꾸는 거 중국에게 불리하게 바꾸겠다는 얘기다.

셀룰로이드 공은 표면에 미세한 돌기가 있다. 돌기는 마찰을 크게 한다. 하지만 플라스틱 공에는 표면 돌기가 없다. 그래서 스핀이 확 줄어들게 된 것이다. 공의 크기도 아주 미세하게 커졌다. 셀룰로이드 공은 40밀리미터보다 조금 작다. 플라스틱 공은 40밀리미터보다 조금 더 크다.

탁구공의 스핀과 스피드가 줄어들면서 탁구의 양상이 달라졌다. 가장 많이 타격을 받은 전형은 수비 전형이었다. 롱커트의 하회전량이 이전에 비해 현저히 감소했다. 역대 최고의 수비수 주세혁의 퇴조와 이와 무관하지 않을 거라는 분석이 있다.

탁구공은 2017년에 이르러 한번 더 바뀌었다. 플라스틱의 재질이 달라졌다. 폴리에틸렌 재질의 플라스틱 볼에서 ABS재질의 플라스틱 볼로 바뀌었다. 폴리 볼은 내구성이 부족하고 성형이 어려워서 품질에 문제가 많았다. 가격도 비쌌다. 제조업체들은 여행용 캐리어의 소재인 ABS로 눈을 돌렸다. ABS는 상대적으로 내구성이 좋고 성형이 쉬웠다.

그런데 이 ABS 볼은 이전의 폴리볼에 비해 마찰계수가 더 낮았다. 하여 공이 바뀐 직후 중국의 국제 대회 성적은 일시적으로 하락했다. 마롱은 공에 대한 적응이 부족했다고 말했다. 하지만 마롱을 비롯한 중국 탁구는 이번에도 금방 적응했다. 다만 수비 전형은 더 불리해졌다. 서효원이 더이상 이전과 같은 성적을 내기 힘든 세상이 되어버렸다.

공이 바뀌면서 스핀이 줄어들자 전진속공 전형이 새로이 각광받게 되었다. 일본의 이토 미마, 하리모토 토모카즈 같은 선수들이다. 이들은 전진에서 카운터펀치를 날린다. ABS 볼로 바뀐 초기에는, 그러니까 탁구공의 스핀 저하가 체감적으로 가장 컸던 시기에 이들이 가장 좋은 성적을 냈다. 하리모토가 마롱을 이기기도 했고 이토 미마는 중국 선수들만 이기고 올라가 우승하기도 했다.

아이러니다. 경기 속도를 늦추기 위해 스핀 계수가 낮은 쪽으로 공의 재질을 바꾸었는데 오히려 경기 속도는 더 빨라졌다. 예전과 같은 스핀이 안 나오기 때문에 앞으로 가고, 예전과 같은 스피드가 안 나오기 때문에 더 빠른 시점에서 스윙한다. 그러다보니 눈에 보이는 경기 속도는 더 빨라지는 것이다. 공이 바뀌면서 플레이 스타일도 바뀌게 되자 어느 때보다 중국 견제에 대한 기대가 높아졌다. 중국 측에서도 긴장하는 것처럼 보였다.

2021 도쿄 올림픽 여자 단식. 국가별 출전 선수는 두 명이었다. 이 두 명 중에 올림픽 전년도에 열린 세계선수권대회 우승자를 포함시키는 것이 중국의 관행이었다. 2019 세계선수권대회 우승자는 류스원이었지만 류스원은 올림픽 단식에 나서지 못했다. 이토 미마에게 상대적으로 약했기 때문이라는 해석이 있다. 중국에서는 올림픽 직전 성적이 가장 좋았던 첸멍과 논차이나, 특히 일본에 강했던 영건 순잉샤가 나왔다. 기대대로 순잉샤는 4강전에서 이토 미마를 가볍게 셧아웃시켰다. 결과적으로 탁구공 재질 좀 바꾸었다 해서 중국 독주의 양상이 달라지지는 않았다. 도쿄 올림픽의 남녀단식은 모두 중국 선수들이 결승전을 치렀다.

지난 십여 년간을 보면 중국에서는 장지커, 마룽, 쉬신, 판젠동 같은 무시무시한 이름들이 계속해서 등장하고 있다. ABS 볼이 나오면서 잠깐 일본세가 반짝였지만 이내 가라앉았다. 룰이 바뀌고 공이 바뀌었지만 중국은 여전히 초강세를 유지하고 있다. 아무리 룰을 바꾸어도 여전히 세계 원탑을 지키고 있는 한국 양궁처럼.

공의 크기가 바뀌고 재질이 바뀌어 스피드와 스핀이 달라져서 전형적 유리함과 불리함이 있지만 그건 어디까지나 선수들 얘기다. 취미로 탁구 치는 우리는 그냥 하던 대로 그냥 하면 된다. 굳이 전진으로 안 나가도 된다. 굳이 치키타 하면서 선제 잡지 않아도 된다. 어차피 우리가 하는 드라이브는 스핀 별로 안 많다. 우리가 하는 커트도 스핀 별로 안 많다. 상대도 마찬가지다. 우리에겐 새 러버가 스핀이 많이 걸리는 좋은 러버고 새 공이 스핀 많이 걸리는 좋은 공이다. 새 러버 쓰고 새 공 쓰면 된다.

살아 있는 탁구 라켓의 전설, 비스카리아

블레이드란 탁구 라켓을 의미한다. 정확하게는 라켓에서 러버 등의 커버링을 제외한 목판 자체를 뜻한다. 탁구 라켓을 영국에서는 배트bat라고도 하고 북미 지역에서는 패들paddle이라고도 한다. 나는 블레이드라는 명칭이 가장 마음에 드는데, 이유는 물론 있어 보이기 때문이다.

블레이드의 종류에는 그립에 따라 펜홀드와 셰이크핸드가 있다. 펜홀드는 펜을 잡듯이 잡고, 셰이크핸드는 악수하듯 잡기 때문에 붙여진 이름이다.

펜홀드에는 단면을 사용하는 일본식 펜홀드와 양면을 사용하는 중국식 펜홀드chinese penhold가 있다. 중국식 펜홀드는 중국에서 개발되어 붙은 이름이다. 이와는 달리 일본식 펜홀드는 일본에서 개발된 것은 아니다. 펜홀드 그립도 탁구의 초창기부터 영국에서 사용되었다. 오십년대에 일본 선수들이 펜홀드로 세계를 제패해서 붙은 이름으로 추정된다.

탁구는 만들어지자마자 세계 곳곳으로 퍼져나갔다. 경제적 이유에서일지 아시아에서는 한쪽에만 커버링을 하는 펜홀드 스타일을 선호했고 유럽에서는 양면에 커버링을 하는 셰이크핸드 스타일을 선호했다.

중국의 초대 주석 마오쩌둥이 탁구를 치는 사진들이 있다. 가난했던 홍군 시절에는 커버링도 되어 있지 않은 펜홀더 블레이드를 들었고, 대륙을 장악한 이후의 사진들을 보면 셰이크핸드 라켓으로 치고 있다.

일본식 펜홀드는 대체로 통판을 사용하는 경우가 많고 셰이크핸드는 얇은 목재를 여러 겹 이어붙인 합판을 사용하는 경우가 많다. 몇 겹으로 이어붙였냐에 따라 단판에서 19겹 블레이드까지 있다. 어떤 목재를 사용하느냐, 또 어떤 목재들의 조합으로 구성하느냐에 따라 블레이드들의 특성이 결정된다.

ITTF 규정에 따르면 블레이드는 목재가 팔십오 프로 이상이어야 하고 표면은 반드시 목재여야 한다. 나머지 십오 프로는? 0.35밀리미터를 초과하지 않는 선에서 아무거나 넣어도 된다. 종이 쪼가리를 넣어도 되고 기왕 넣을 종이, 슬그머니 부적을 넣어놔도 된다.

그렇긴 해도 아무래도 좋은 걸 넣어야 하지 않을까. 블레이드 성능을 향상시켜줄 반발력이 강한 소재로, 어깨 부담을 덜어줄 가벼운 소재로. 그래서 특수 소재들을 넣게 되었다. 이것도 넣어보고, 저것도 넣어보며 수십 년이 지났다. 그중 지금까지도 가장 널리 쓰이는 소재는 ALC다. ALC란 아릴레이트Arylate+카본Carbon이다. 카본은 반발력을 높여주고 아릴레이트는 진동을 줄여주는 역할을 한다.

블레이드로 공을 치면 블레이드에 진동이 생긴다. 블레이드가 부드러울수록 진동이 더 커진다. 또 최초 진동이 클수록 공을 휘감는 성질이 더 커진다. 더 강한 회전을 줄 수 있게 되는 것이다. 뭐, 전문가들 말이 그런 거라고 한다.

진동은 또한 손에 감각을 전해주는 역할을 한다. 너무 오래 진동이 이어지거나 진폭이 크면 떨림이 크게 느껴지기 때문에 감각적으로 좋다. 그러니까 최초의 진동은 크고, 이후 진동은 빠르게 없어지는 게 이상적인 블레이드라고 할 수 있다. 최초의 큰 진동으로 더 강한 회전을 줄 수 있고 빠른 진동 감쇠로 감각을 유지할 수 있다. 아릴레이트는 이 점에 있어서 매우 탁월하다. 뭐, 그렇다고 한다. 전문가들 말이.

사용자들은 ALC 블레이드가 잘 휘감아주고 잘 쏘아준다고 한다. 잘 휘감아주고 잘 쏘아주는 드라이브에 꼭 필요한 성능이다. ALC의 이런 특징은 드라이브 전형 사용자들에게 매력적일 수밖에 없다.

다마스 버터플라이의 비스카리아는 1993년에 출시된 최초의 ALC 블레이드다. 삼십 년이 지난 지금까지도 베스트셀러인 실로 훌륭한 제품이다. 그리고 또 무엇보다도 풍부한 스토리를 가진 흥미로운 블레이드이기도 하다.

비스카리아가 처음 출시되었을 때 이유는 모르지만 좋다고 하니 많은 사람이 써보게 되었다. 그 많은 사람 중에 꼬마 티모볼이 있었다. 그에게는 그립이 불편했다. 티모볼은 다른 블레이드의 그립을 떼어 비스카리아에 붙여서 사용했다.

나중에 티모볼이 세계적인 선수가 되자 버터플라이에서는 재빠르게 비스카리아에 티모볼이 사용한 그립을 갖다붙여 생산하며 티모볼스피릿이라 명명했다. 나중에 티모볼스피릿에서 그립 디자인을 바꾸어 생산하며 티모볼ALC라 이름지었다.

티모볼ALC는 티모볼을 위해 만들어진 블레이드다. 제작과정에서 티모볼도 적극적으로 의견을 냈고 또 오랜 기간 사용하기도 했다. ALC의 성능으로, 그리고 또 티모볼이라는 이름으로 티모볼ALC는 세계적으로 가장 많이 팔린 블레이드가 되었다. 일반 동호인들만 아니라 선수들도 많이 사용했다.

버터플라이에서는 티모볼스피릿을 생산하면서 비스카리아를 단종시켰다. 그런데 갑자기 툭 튀어나온 장지커가 단종된 비스카리아를 들고 훨훨 날아다니는 거였다. 그것도 티모볼은 해보지 못한 세계선수권 우승에, 올림픽 금메달에 그야말로 역대급으로 날아다녔다. 장지커의 세계 랭킹 1위 기간은 고작 칠 개월에 불과하다. 하지만 그 기간을 전후해 세계선수권대회 2연패, 올림픽 금메달, 탁구월드컵 우승 등 메이저 대회를 모두 석권했다.

세계 최고수가 쓰는 단종된 블레이드. 무협지에 흔히 나오는 상황이다. 절세고수의 비밀병기! 장지커로 인해 손때 묻은 중고 비스카리아가 비싼 가격으로 거래되는 현상이 벌어졌다. 물 들어올 때에 노를 저어야 했다. 버터플라이에서는 발 빠르게 단종시켰던 비스카리아를 다시 생산했다. 그럼에도 오리지널은 뭔가 다르다면서 굳이 구형 비스카리아를 찾아다닌 사람들이 제법 있어서 구형 비스카리아는 여전히 고가로 거래되었다. 지금도 그러고 있을 거다.

어쨌든 버터플라이에서는, 기왕 노 젓는 김에, 비스카리아에서 그립 모양만 바꾸어 또 새로운 제품을 출시하면서 장지커ALC라 명명했다. 비스카리아와 티모볼ALC와 장지커ALC는 그립 모양만 다를 뿐 동일한 구성의 블레이드다. 다만 비스카리아가 표층이 보다 두껍다고, 그래서 타구감이 조금 더 부드

럽다는 차이가 있다고 한다.

ALC는 다 좋은데 한 가지 단점이 있다. 달리 표현하자면 한 가지 단점이 도드라진다고 생각하는 사용자들이 있다. 말했다시피 ALC는 남아 있는 진동을 빨리 없애준다. 그런데 이게 어떤 사용자들에게는 너무 빨리 없어지는 느낌을 준다. 그러니까 진동이 오다가 갑자기 사라져버리는 것이다. 이 부자연스러운 단절감은 명확한 감각 전달을 방해한다. 진동이 갑자기 멈춰버리면 타구가 잘되었을 때의 느낌을 인지하는 데 어려움이 생긴다는 얘기다.

그래서 버터플라이에서는 ALC보다 자연스러운 감각이 있는, 즉 진동이 천천히 없어지는 ZLC 소재의 블레이드를 개발했다. ZLC란 자일론 카본Zylon Carbon이다. 그러고는 장지커의 이름을 붙여 출시했다. 장지커ZLC다. 또 거기에다가 ZLC의 직조 방식을 변경해서 훨씬 비싼 가격으로 출시한 게 장지커슈퍼ZLC다.

ZLC가 ALC보다 반발력이 크다고 느끼는 경우가 많은데 꼭 그런 건 아니다. 버터플라이에서 발표한 특성 수치에 따르면 ALC 소재와 ZLC 소재의 반발력 차이는 거의 없다. 다만 목재 구성에 차이가 있고 또 ALC에는 감싸안는 특징이 뚜렷하고 ZLC는 그렇지 않기 때문에 ZLC가 더 반발력이 강하다고 느낄 수도 있다. 그러니까 ALC 블레이드보다 ZLC 블레이드가 반발력이 강할 수는 있으나 ALC보다 ZLC가 반발력이 강한 소재인 건 아니라는 얘기다. 뭐, 그렇다고 한다. 전문가들 말이.

버터플라이에서는 ALC 및 ZLC와 다양한 목재 구성의 조합으로, 또 다양한 그립의 조합으로 수많은 시리즈를 만들어냈다. 이 모든 것의 출발점이 살아 있는 탁구 라켓의 전설, 비스카리아다.

어찌나 전설적인 블레이드인지 버터플라이에서는 2022년에 ALC의 배열을 더 촘촘하게 한 슈퍼비스카리아를 출시했다. 아직도 물이 빠지지 않고 있다. 특수 소재 블레이드의 시작과 끝이다. 실로 대단한 비스카리아.

2021 휴스턴 세계선수권대회에서 스웨덴의 트룰스 뫼르고드는 독특한 형태인 육각형 블레이드를 들고 나왔다. 스티가에서 대회 직전에 출시한 사이버셰이프다. 제조사의 설명에 따르면 원형 블레이드에 비해 스윗스팟이 십일 퍼센트 정도 더 넓다고 한다. 트룰스는 이 블레이드로 판젠동에 이어 준우승을 차지했다.

더 넓은 스윗스팟에 대한 연구는 이전부터 있어왔다. 독일의 과학자이자 아마추어 코치인 요하임 쿤은 바이올린 형태의 블레이드가 컨트롤과 스피드에서 이상적인 모양이라고 주장했다.

티바에서는 Swing IV-S 등 바이올린 형태의 블레이드를 출시한 바 있다. 유럽 챔피언에 오르기도 했던 프랑스의 다미앙 엘로이가 이 블레이드를 사용했다. 그러나 다미앙이 사용한 이후 Swing IV-S는 다른 블레이드들처럼 원형으로 생산되고 있다. 모두들 바이올린 형태의 블레이드를 기피했다. 러버 커팅이 어렵기 때문이다. 바보짓은 누구나 할 수 있다.

가장 비싼 블레이드는 2009년에 한정판으로 출시된 니타쿠의 리즈Resoud. 오십만 엔의 가격으로 출시되었다. 라켓에 뭐 금테라도 둘렀나 싶지만 이 블레이드의 무게는 87그램이니 금보다 비싼 셈이다.

니타쿠의 블레이드 중 현악기 시리즈가 있다. 바이올린, 어쿠스틱, 테너라는 이름의 이 블레이드들은 현악기를 만드는 공법을 이용해 만들어졌다. 리주우드는 이에 더해 재료 자체도 현악기를 만들 때 쓰는 스위스 리수드Risoud 숲의 자생 가문비나무를 사용했다. 스트라디바리우스 바이올린을 만드는 재료다. 블레이드의 스트라디바리우스. 이걸로 탁구를 치면 과연 어떤 느낌이 들까. 마치 무대에서 바이올린을 연주하듯 테이블 앞에서 탁구를 연주하게 될까.

루이비통에서 초고가의 명품 블레이드를 만들었다. 가격은 이천사백 달러. 실제로 판매중이다. 다만 커버링은 가죽으로 되어 있어서 실제로 탁구를 치는 건 조금 곤란해 보인다. 루이비통 문양의 라켓 케이스와 공 케이스가 매우 예쁘다.

보석으로 유명한 티파니에서도 탁구 라켓을 만들었다. 오드리 헵번이 이 라켓을 들고 탁구 치면 아주 잘 어울릴 것처럼 보인다. 가격은 칠백이십 달러. 이 라켓도 커버링이 가죽으로 되어 있다. 루이비통 블레이드를 들고 있는 상대와 탁구 치기에 제격이다. 이런 블레이드들을 누가 샀을까.

명필은 붓을 가리지 않는다는 말이 있다. 훌륭한 목수는 연장 탓을 하지 않는다. 그러나 자기에게 잘 맞는 붓과 연장이 따로 있을 수 있다. 문제는 비싼 붓, 비싼 연장이 대체로 많은 이에게 잘 맞는다는 사실. 그래서 나도 비싼 블레이드 쓴다. 나와 매우 잘 맞는다.

탁구 러버도 비싼 게 좋은 거다

중학생 시절 친구들과 탁구장에 갈 때에는 빈손으로 갔다. 탁구장에 비치된 라켓을 사용했다. 가장 인기가 좋아서 쟁탈전이 벌어졌던 건 나비 마크가 새겨진 러버가 붙은 라켓이었다. 버터플라이 러버다. 그다음으로 인기가 좋았던 건 러버 쪼가리들이 횡으로 붙어 있는 라켓이었다. 버터플라이 러버를 붙이고 남은 쪼가리들을 이어붙인 거였기 때문이다. 쪼가리를 이어붙였다 해도 찰진 느낌이 좋았던 그 러버들이 스라이버였다. 당대 최고의 인기 러버였다.

　1970년대부터 지금까지 탁구 용품에 있어서는 다마스 버터플라이가 제일 위에 있다. 스라이버가 2000년대 초반까지도 베스트셀러였다면 이후에는 테너지가 스라이버 못지않게 시대를 압도하고 있다.

테너지는 다른 러버들보다 두 배 가까이 비싸다. 반면 내구성은 훨씬 약하다. 그러면 사실상 세 배쯤은 비싼 거다. 그러나 비싸도 사서 붙인다. 선수도 아마추어도 테너지를 선호한다. 테너지를 사용한 경험이 있는 이들은 다른 러버를 사용하면서도 테너지가 더 좋다고들 말하곤 한다. 상투적인 표현이지만 테너지를 안 써본 사람은 있어도 테너지를 한 번만 써본 사람은 없을 것 같다.

칠십년대 이후 러버 시장의 절대강자는 단연 버터플라이의 스라이버였다. 최초의 첨단 러버였다. 시대를 앞서갔다. 구십년대 중반 이후에는 상황이 조금 달라졌다. 선수들은 버터플라이의 브라이스를 선호했고 아마추어들에게는 독일제 러버가 인기가 높았다.

이천년대에 들어서면서 기술적으로나 마케팅적으로나 독일제 러버들이 버터플라이를 추월하게 될 국면이 다가왔다. 그러나 바로 그때 테너지가 나왔다. 테너지는 단번에 모든 상황을 정리해버렸다.

테너지가 나온 것은 2008년의 일이다. 버터플라이에서 이 새로운 주력 러버 개발에 돌입한 건 2006년부터다. 러버 개발의 기한도 목표도 처음부터 정해져 있었다. 2008년에는 무조건 새로운 러버를 내야 했다.

2005년 ITTF에서는 스피드글루를 완전히 금지하기로 결정했다. 이 년여의 유예기간을 거쳐 2008년부터는 스피드글루를 쓰지 못하게끔 한 것이다. 글루란 러버를 목판에 붙일 때 쓰는 접착제이고 스피드글루란 휘발성 유기용매VOCs가 많은 글루다.

칠십년대 중반 헝가리 대표 선수 클람파르가 우연히 시합 직전에야 러버를 부착해 경기를 했다. 그런데 이게 웬일. 스핀도 더 잘 걸리고 파워도 좋아진 거였다. 다음에 또 시합 직전에 러버를 부착해보았다. 결과는 마찬가지였다. 그러니까 러버에 스피드글루를 바르면 곧바로 일시적인 성능 향상이 이루어진다는 걸 알게 된 것이다.

비슷한 시기에 유고슬라비아의 드라구틴 슈르벡도 이 비밀을 우연히 알게 되었다. 두 명이 안다면 비밀은 이제 더이상 비밀이 아니다. 점차 그 사실이 널리 알려지게 되었다. 이유는 몰라도 어쨌든 성능이 향상된다고 하니 모든 선수가 시합장에서 하루에도 몇 번씩 러버를 붙였다 떼었다 하는 일이 벌어지게 된 것이다.

이걸 왜 금지했냐면 무엇보다도 인체에 좋지 않기 때문이다. 휘발성 유기용매에는 벤젠과 톨루엔 등 악성 발암물질이 함유되어 있다. 성장기의 어린 탁구 선수들이 시합할 때마다 발암물질에 노출된다는 걸 생각해보면 스피드글루는 결코 바람직하지 않다. 접착제 냄새로 가득한 경기장이 일반 관중들에게도 결코 좋을 리가 없었다.

이런 이유들로 ITTF에서는 1992년에 이미 스피드글루 금지를 결의했다. 당시 ITTF 회장은 일본의 오기무라였는데, 그가 1994년에 갑자기 사망하면서 스피드글루 금지에 대한 결의가 풀려버렸다. 벤젠이나 톨루엔 등의 독성 물질만을 금지하는 걸로 완화된 것이다.

워낙 효과가 좋다보니 사람들은 스피드글루를 계속 쓰는 걸 선호했다. 업체는 업체대로, 선수는 선수대로, 동호인은 동호인대로. 그러나 스피드글루의 독성 문제는 여전히 남아 있었다. 해서 십 년 넘게 지속적으로 노력한 끝에 결국 완전 금지에 성공한 시점이 2005년이었다.

조금 다른 관점에서 보자면, 그러니까 제조업체의 입장에서 보자면 스피드글루가 러버의 성능을 향상시킨다면, 또 스피드글루의 금지 가능성이 높아진다면 아예 처음부터 스피드글루 효과가 있는 러버를 만들어내면 되는 일이다. 하여 독일의 러버 제조업체인 ESN에서 1998년에 텐조 기술을 적용한 러버들을 만들어냈다. 스피드글루잉 효과가 내장된 스펀지를 공장에서 생산할 수 있게 된 것이었다.

다마스 버터플라이에서는 일본 업체답게 발 빠르게 그에 앞서 스피드글루잉 효과가 내장된 러버를 출시했다. 1997년에 나온 브라이스다. ESN의 텐조 러버와 버터플라이의 브라이스에는 이런 차이가 있었다. 러버는 스펀지와 고무인 탑시트로 이루어져 있다. 텐조 러버는 스펀지와 탑시트 모두에 스피드글루잉 효과가 내장되었다. 하지만 브라이스는 그 효과가 탑시트에만 적용되었다. 버터플라이에서 탑시트에만 스피드글루 효과를 적용한 이유는 그게 더 좋아서가 아니라 스피드글루잉 효과가 적용된 스펀지를 만들 기술이 없기 때문이었다.

이제 버터플라이의 시대가 끝나고 ESN에서 러버 시장을 석권하는 것은 시간 문제로 보였지만 상황은 그렇게 흘러가지 않았다. 스피드글루잉 효과가 내장된 러버가 새로 개발되어 나왔지만 선수들은 거기에다가 또 스피드글루를 발랐다. 습관적으로, 또 그러면 더 좋아질 것 같다는 기분상의 이유로.

스펀지와 탑시트 모두에 스피드글루잉 효과가 내장된 텐조 러버에 또 스피드글루잉을 하면 과잉 효과로 오히려 러버가 퍼진 듯한 느낌을 주었다. 반면 브라이스는 스피드글루잉으로 더 위력적인 러버가 되었다. 불완전한 기술의 브라이스가 스피드글루잉에는 더 적합한 러버였다. 그래서 러버를 자주 교체하고, 붙였다 떼는 게 일도 아닌 선수들은 브라이스를 선호했다. 반면에 자주 갈아붙이는 게 귀찮은 아마추어들은 ESN의 러버들을 사용하게 되었다.

이런 상황에서 2005년에 스피드글루가 완전히 금지하는 규정이 통과되었다. 말한 바대로 유예기간을 거쳐 2008년부터. 버터플라이 입장에서는 발등에 불이 떨어졌다. 스피드글루가 금지되었으니 스피드글루잉을 해야만 하는 브라이스의 인기가 떨어질 것은 당연지사. 이제 버터플라이에서도 반쪽짜리가 아닌, 스피드글루잉 효과가 스펀지에도 들어간 제품을 만들어야 했다. 하지만 스펀지 관련 기술은 부족한 상황이었다.

해서 2005년의 규정 개정 이후 곧바로 새로운 주력 러버의 개발에 들어갔다. 스피드글루잉 효과를 극대화한 제품을 위한 연구 팀을 만들었다. 연구 팀의 머리 좋은 사람들이 생각해보니 한 십 년 가까이 뒤처진 기술력을 불과 이 년 만에 따라잡을 수 있을지 확실치 않은 거였다. 경쟁 업체에서 가르쳐줄 리도 없고. 그래서 제품 개발이 잘 안될 경우를 대비해 땜빵용 제품을 연구하는 팀도 만들었다.

땜빵 팀에서 머리를 썼다. 기술적으로 좋은 스펀지를 만드는 저 팀 일이고 우린 부스팅 효과가 들어간 스펀지를 한번 만들어보자. 부스팅 효과란 글루잉 전후에 스펀지에 오일 처리를 하면 이게 팽창하여 부스터처럼 스펀지 텐션을 강화시킨다는 얘기다.

이 부스팅이 규정 위반이냐 아니냐에 관한 논란이 지속적으로 있어왔다. ITTF에서는 경기 전에 라켓 검사를 하는데 여기에 걸리지만 않으면 된다는 점에서 규정 위반이 아니라고 주장하는 이들이 있고, 걸리면 규정 위반이니 시도 자체가 불법이라고 주장하는 이들이 있다. 어쨌든 편법인 건 사실이다.

땜빵 팀에서는 이 부스팅 효과에 주목했다. 하여 부스팅 효과가 내장된 에어캡슐 형태의 스펀지를 만들었다. 그러고는 여기에 잘 맞는 탑시트를 개발했다. 탑시트를 어떤 식으로 개발했냐면 시간도 없고 해서 되는대로 했다. 탑시트의 돌기 구조를 다르게 해서 여러 종류의 샘플들을 만들어본 것이다. 그러고는 어떤 탑시트가 이 스펀지와 잘 맞는지 일일이 맞춰보았다. 테스트 결과 세 개의 샘플이 채택되었다. 5번 샘플, 25번 샘플, 64번 샘플.

5번 샘플은 돌기가 촘촘하게 배열되어 있다. 스핀에서 위력을 발휘한다. 64번 샘플은 돌기 사이가 넓다. 스피디한 한 방에 적합하다. 바로 테너지05, 테너지25, 테너지64다. 테너지64는 좀더 늦게, 테너지80은 더 늦게 만들어졌다.

테너지 탄생의 비하인드 스토리는 이러하다고 알려져 있다. 사실일까. 그럴 수도 있겠다. 제조사에서 마케팅용으로 부풀린 이야기일까? 그럴 수도 있겠다. 어느 쪽이든 이 비하인드 스토리는 매우 흥미진진하다.

테너지05는 나오자마자 시장을 휩쓸어버렸다. 선수들도, 아마추어도 최첨단 기술이 집약된 ESN의 러버보다 편법을 동원해서 만든 테너지를 선택했다. 버터플라이는 결과적으로 사람들이 좋아할 만한 스펀지를 만들어냈고 사람들이 좋아할 만한 탑시트를 만들어냈다.

테너지05의 가장 큰 장점은 스핀에 있어서 탁월하다는 거였다. 부스팅 효과가 사라지면 테너지의 성능도 급격히 저하되었지만 선수들에게는 문제가 될 것이 없었다. 선수들은 러버를 금방금방 교체하니까. 아마추어들도 테너지05로 드라이브를 할 때의 손맛에, 찰칵 하고 걸리는 듯한 클릭감에 매료되었다.

상황이 이렇게 되자 ESN에서는 결국 테너지를 카피하고야 만다. 시장이 테너지 위주로 돌아가니 그 흐름을 따라갈 수밖에 없었다. 기술적 복제가 어렵지 않은 에어캡슐 형태의 스펀지를 만들고는 탑시트를 부착했다. 그러고는 테너지보다 싼 가격에 공급하면서 이런 광고 문구를 붙였다. 테너지에 못지않은, 테너지를 뛰어넘는, 등등. 그 결과는 우리가 알고 있다. 사용자들이 테너지보다 더 좋아하는 러버는 나오지 못했다. 테너지는 매우 오랜 기간 동안 가장 비싼 러버였다. 탁구 러버도 비싼 게 좋은 거다.

●

사람의 일이란 결코 순리대로 흘러가지 않는다. 창조와 혁신은 매우 중요하지만 때로는, 혹은 오히려 땜빵이 더 효과적일 때도 많다. 테너지는 그런 류의 아이러니 그 자체이기도 하다.

버터플라이는 여러 번에 걸쳐 흐름을 주도하는 러버를 만들어냈다. 첫번째 스라이버는 당대 최고 기술로 만들어진 러버였다. 두번째 브라이스는 기술적인 면에서 반쪽짜리였다. 세번째 테너지는 뒤떨어진 기술로 만들어낸 땜빵용이었다. 버터플라이는 이 모든 경우에서 성공했다.

생각해보자면 ESN 역시 때로는 당대 최첨단 기술로 러버를 만들기도 했고, 때로는 흐름을 따라가는 러버를 만들기도 했다. 하지만 시장을 장악하고 흐름을 주도하는 데 실패했다.

될놈될. DTD_{Down Team is Down}. 요즘 말대로, 될 놈은 어떻게든 되는 건가보다. 실패의 이유는 수만 가지지만 성공의 이유는 사실 하나밖에 없다. 곧 운이 좋아서다. 혁신을 해서 누군가 성공하지만 혁신을 했음에도 대부분 실패한다. 또 누군가는 모방으로, 땜빵으로 성공하지만 거의 대부분은 실패하니 말이다. 인생 뭐 있나. 한 방이다. 창의성이든 모방이든.

탁구는 '라바빨'이기도 하고

○

 탁구의 초보자들은 뽕이 뭔지 모른다. 초보를 막 벗어난 이들은 뽕 소리만 들어도 슬슬 피한다. 이들뿐 아니라 탁구대 앞에 선 수많은 이들을 난감하게 하는 것 중의 하나가 바로 이 뽕이다. 뽕이란 핌플아웃 러버 전형을 말한다. '뽕'이란 돌기의 속칭이다. 어깨 뽕 할 때의 뽕이 이런 의미다.

 핌플아웃 러버는 일반 러버와는 달리 돌기가 밖으로 돌출되어 있는 모양을 하고 있다. 돌출 러버라고도 한다. 돌기의 직경과 길이의 비율에 따라 숏핌플 러버와 롱핌플 러버로 나누어진다. 숏핌플 러버는 공의 회전을 풀어버리고 롱핌플 러버는 회전을 반대로 만든다.

 어느 정도 수준이 되기 전에는 핌플아웃 러버에 닿은 공이 어떤 회전으로 변해서 오는지 알기가 어렵다. 뽕에 맞아 반구되어 오는 공에 라켓을 갖다대면 떠올라서 상대에게 찬스 볼을 내주거나 혹은 가라앉아서 네트에 걸려버리기 일쑤다.

매우 드문 전형이지만 양뽕도 있다. 한쪽은 숏핌플이고 다른 한쪽은 롱핌플이다. 앞뒤로 골고루 양뽕을 타다보면 어질어질하다. 얼마나 어질어질하냐면, 신유빈도 전지희도 어려워하는 룩셈부르크 대표 니시아리안 선수가 바로 이 전형이다.

탁구를 계속 치는 한 뽕을 얼마나 잘 다루는가는 하나의 숙제일 거다. 실력이 어느 정도 되면 뽕을 상대하기 쉬워지겠지만 그건 그때 가봐야 되는 거고, 사실 상당한 구력에도 뽕 타는 사람들은 많다. 신유빈도 뽕을 타고 전지희도 뽕을 탈 정도니 말이다. 심지어 세계 1위 순잉샤도 얼마 전에 백핸드 롱핌플 전형인 북한의 김금영에게 패한 적이 있다.

계속해서 깨지다보면 아무래도 언짢아지기 마련이다. 탁구를 실력으로 쳐야지, 뽕빨로 치면 되나 하는 볼멘소리가 절로 나온다. 해서 한 십여 년 전에 생활체육계에서 롱핌플 출전을 규제하려고 했던 움직임도 있었다. 근데 롱핌플 자체가 규정 위반이 아니라 규제 자체가 불가능하다. 당연히 무산되었다.

러버는 탑시트와 스펀지로 구성되어 있다. 탑시트의 한쪽 면은 평면 러버고 다른 쪽 면은 돌기로 이루어져 있다. 흔히 쓰이는 러버는 탑시트 돌기가 안쪽 방향으로 되어 있고 돌출 러버들은 돌기가 바깥으로 향해 있다.

탁구의 역사를 보면 최초의 러버는 핌플아웃-돌출 러버였다. 초창기에는 목판에 아무거나 갖다붙였는데, 가죽으로 라켓 커버링을 하는 경우가 많았다. 그러다가 누군가 잔돈 그릇 바닥의 돌기형 고무를 목판에 붙여보았다. 탁구에는 이 돌기형 고무가 훨씬 더 효과적이었다. 이로부터 라켓 커버링은 가죽에서 고무로 바뀌게 되었다. 그러니까 최초의 러버는 돌기가 밖으로 나와 있는 형태였던 것이다. 이후에 이 돌기형 고무를 뒤집어서 붙여본 것이 오늘날 우리가 알고 있는 러버의 탑시트 형태다. 역사적으로 돌출 러버가 평면 러버보다 먼저 있었던 것이다.

비단 동네 탁구뿐만 아니라 세계 최고 수준에서의 탁구도 라바빨에 의해 좌우되어 왔다. 오십년대 탁구 최강국은 일본이었다. 세계선수권대회 단체전 및 개인전에서 가장 많이 우승했다. 그 기저에 러버가 있었다. 오십년대 이전에 주로 사용된 러버는 한 장짜리 러버였다. 바깥쪽으로 돌기가 나온 핌플아웃 러버였다. 핌플아웃 러버로 했던 이때의 탁구란 스매싱과 커트의 탁구였다.

한 장 러버나 코르크로 커버링한 라켓으로 탁구를 치다보면 공이 금방 깨지곤 했다. 일본에서 탁구장을 운영하던 하라다 리키조라는 사람이 어떻게 해야 공을 오래 쓸 수 있을까 고민하다가 스펀지를 한번 붙여보았다. 그랬더니 놀랍게도 공이 잘 깨지지 않았다. 심지어 탁구도 더 잘되었다. 공 값도 절약하고 탁구 실력도 갑자기 상승하니 안 쓸 이유가 없었다. 이 스펀지 라켓은 대히트를 쳤다. 나중에는 선수들도 스펀지 라켓을 들고 대회에 나가게 되었다. 국가대표 선수들도 스펀지 라켓을 들고 대회에 나갔다. 무려 세계탁구선수권대회에.

일본 국가대표 오기무라 이치로는 스펀지 두 장을 이어붙였다. 스펀지의 두께는 무려 7밀리미터였다. 어찌나 두툼한지 스매싱 할 때 소리도 안 났다. 하여 붙은 명칭이 사일런트 스매시. 왠지 닌자가 연상되기도 하는 조어다. 오기무라는 이 스펀지 라켓으로 1954년 런던 세계선수권대회에서 우승했다. 그다음 1955년의 세계선수권에서는 일본의 다나카가 평면 러버로 우승했다. 이때까지만 해도 러버에 대한 규정이 없었다. 말한 바 대로 주로 한 장 러버를 사용했다. 일본 선수들은 거기에다가 스펀지를 붙임으로써 다른 차원의 탁구를 구사할 수 있었다.

용품의 표준화를 위해, 다른 한편 일본을 견제하기 위해 1959년에 최초로 탁구 라켓 룰이 생겨났다. 이때 스펀지 라켓을 퇴출시키고 세 종류의 러버만 사용할 수 있게 했다. 1. 스펀지 없는 한 장 러버. 2. 핌플인 러버. 돌기가 안쪽으로 향해 있는 일반 러버. 3. 핌플아웃 러버. 돌기가 바깥쪽으로 향해 있는 돌출 러버.

이로부터 비로소 우리가 알고 있는 형태의 탁구가, 곧 현대 탁구가 시작되었다. 또한 1959년의 도르트문트 세계선수권대회에서 중국의 룽궈탄이 우승하면서 중국에 탁구 붐이 일게 되었다. 중국 정부는 룽궈탄의 우승을 국가수립 십주년의 경사로 널리 홍보했다. 그러면서 1961년의 세계선수권대회를 베이징에 유치했다.

중국으로서는 홈에서 열리는 대회라 어떻게든 성과를 거두어야 했다. 하여 백여 명의 선수들이 합숙에 들어갔다. 아군만 잘한다고 해서 되는 것도 아니고, 적도 알아야 했다. 촉각을 곤두세웠다. 탁구의 당대 최강국은 일본이었다. 하여 중국에서는 일본에 비밀리에 스파이를 보내 정탐했다. 그 결과 일본의 러버가 노출되어버렸다.

라켓에 대한 규정이 만들어지면서 스펀지 러버가 퇴출되었지만 일본에게는 그 이상의 무기가 있었다. 고무와 스펀지에 관한 앞선 기술을 바탕으로 평면 러버의 품질 또한 세계 최고였다. 이 평면 러버로부터 탑스핀을 거는 기술인 드라이브가 만들어졌다. 이전에도 탑스핀이 없었던 건 아니었지만 새로운 드라이브는 전에 없던 공격적인 기술이었다.

이를 사전에 알게 된 중국에서는 어떻게든 대비했는지 결과만 보면 중국은 단체전 결승에서 일본을 꺾고 우승한다. 전통의 원탑 일본과 새로운 원탑 중국은 이후에도 63년 세계선수권, 65년 세계선수권 모두 단체전 결승에서 맞붙었다. 이 세 번의 결승전에서 중국이 모두 승리하고 우승했다. 그 주역 중 한 명이 세 번의 대회 단식에서 3연패를 이루어낸 주앙저동이다. 이때부터 중국 탁구의 신화가 시작되었다.

1959년 표준화 이후 일본에서는 고무에 대한 기술력을 바탕으로 스라이버 같은 고성능 러버를 만들어냈다. 중국은 조금 다른 방향으로 발전했다. 기술력은 부족한데 결과물을 만들어야 할 때 나오는 게 편법이다.

중국 러버는 한편으로는 최첨단 러버를 무력화시키는 방향으로 나아갔다. 실수로 시작된 일이었지만, 롱핌플을 만들었다. 1963년의 일이다. 롱핌플로 효과를 본 때문이었는지 안티스핀 러버도 만들었다. 1971년의 일이다. 안티스핀 러버는 러버 표면의 마찰계수를 극소화시킴으로써 상대의 스핀에 영향을 받지 않게 하는 러버다.

한국 구기 종목 사상 최초의 세계대회 우승은 탁구에서였다.

1973년 사라예보 세계선수권대회의 우승 주역인 이에리사와 정현숙은 갓 스물이었다. 해서 한국 여자탁구의 전성기가 당분간 이어질 거라 예상되던 터였다.

1975년 콜카타 세계선수권대회에서 중국의 거신아이는 안티스핀 러버를 들고 나왔다. 한국과의 경기에서만 이 신무기를 사용했다. 한쪽 면에는 평면 러버, 다른 쪽에는 같은 색깔의 안티스핀 러버를 붙이고는 탁구대 아래서 라켓을 빙빙 돌려가며 서브를 넣는데, 듣도 보도 못한 구질의 서브가 나오는 거였다. 구질 파악이 안되고, 따라서 리시브가 안되니 게임이 될 리가 없었다. 어쩌겠나. 할 수 있는 것도 별로 없고, 그냥 질 수밖에. 탁구를 실력으로 쳐야지, '라바빨'로 치다니. 이에리사는 경기 끝나고 펑펑 울면서 숙소로 돌아갔다.

이 안티스핀 러버와 트위들링을 가장 잘 이용했던 선수가 중국의 차이전화다. 트위들링 때문에 어떤 러버를 쓰는지 파악이 어렵고, 또 서브할 때 임팩트 순간을 몸으로 가려버리면 구질 파악은 더 어려워진다. 차이전화는 이런 서브에 일가견이 있었다.

1983년 도쿄 세계선수권대회 단체전 결승에 중국과 스웨덴이 올라갔다. 열여덟 발트너가, 04년 아테네 올림픽 4강전에서 유승민에게 진 그 발트너가 차이전화를 상대했다. 유럽 탁구의 신동으로 널리 알려졌던 발트너도 라바빨에 속수무책으로 당해버렸다. 발트너가 서브 리시브를 어려워하는 경기 양상이 이어지더니 결국 2:0으로 패했다. 30:28까지 간 1세트는 지금 봐도 재미있다.

계속해서 깨지다보니 유럽에서는 슬슬 열받기 시작했다. 탁구를 실력으로 쳐야지, '라바빨'로 치면 되나.

우리나라 생활체육계에서 뽕에 대해 했던 고민과 다를 바 없다. 하려던 일도 같았다. 그러니까 러버 규제를 시도한 거였다. 탁구 최강국 중국의 러버 사용에 대해 롱핌플, 안티스핀 러버를 퇴출시키려 시도했다. 유럽에서는 이런 러버들을 정크 러버라고 불렀다.

여기에 대해 아시아에서 반발했다. 아시아 선수들이 핌플아웃 러버를 많이 사용했기 때문이다. 우리만 해도 김완, 김기택이 숏핌플 전형이었다. 나중에 세계선수권대회에서 우승을 한 현정화도 숏핌플 전형이다.

1983년의 규정 개정에서 타협이 이루어졌다. 라켓의 양면은 반드시 다른 색깔의 러버를—한쪽은 빨강 한쪽은 검정—붙여야 한다는 룰이 이때 만들어졌다. 다분히 중국을 견제한 개정이었다. 이 규정 이후 안티스핀 러버는 자연스럽게 퇴조했다.

롱핌플이나 안티스핀 러버는 어디까지나 상대방의 실수를 불러일으키는 변칙성 러버다. 그런데 트위들링해가며 변칙적인 러버로 득점하는 것보다 강한 드라이브로 득점하는 장면이 더 있어 보이는 건 당연지사.

중국에서도 버터플라이의 스라이버나 야사카의 마크Ⅴ처럼 드라이브가 잘 걸리는 러버를 만들고 싶었다. 그러나 고탄성 고마찰 러버를 만들 수 있는 기술력이 없었다. 버터플라이에서 가르쳐줄 리도 없고. 해서 머리 좋은 애들이 머리를 썼다. 드라이브 잘 걸리는 비결이 뭐 별 거 있겠는가. 마찰력이 좋으면 되지. 그래서 점착성 물질을 왕창 러버에 집어넣었다. 그리고 탄성의 문제를 해결하기 위해 딱딱한 스펀지를 붙여보았다. 이게 바로 중국의 점착 러버다.

점착 러버는 마찰력을 극대화시켜 드라이브에 특화된 러버다. 때려봤자 잘 안 나간다. 해서 중국 선수들의 경기 장면을 보면 로빙 볼에 대해 트위들링해서 라켓의 면을 바꾸어 스매싱하는 장면들이 종종 나온다. 중국 선수들은 포핸드 쪽에 점착 러버를 붙이고 백핸드 쪽에 일반 러버를 붙이는 경우가 많다. 점착 러버가 스매싱에 적합하지 않아 일반 러버로 바꾸어 잡고 스매싱하는 것이다.

중국 선수들의 포핸드 드라이브는 점착 러버의 특징과 관련이 있다. 점착 러버의 특징을 살리려면 회전을 최대한 많이 주는 스윙을 해야 한다. 그리고 파워를 극대화하기 위해서는 탁구대와 가까운 곳에서 스윙을 한다. 곧 **빠른 타이밍**에서 스윙을 구사하는 것이 중국의 포핸드 드라이브다. 유럽의 중진 드라이브는 탁구대와 먼 거리에서 공이 정점에서 떨어진 이후에 이루어지지만 중국의 포핸드 드라이브는 정점 이전에, **빠른 시**

점에서 이루어진다. 이전에는 변칙성 플레이에 의존했던 중국이 이 빠른 공격으로 세계를 장악했다. 빠른 공격이 중국 탁구의 특징이 되었고 현대 탁구의 가장 큰 특징이 되었다.

앞서 말한 바대로 1959년의 러버 규정 이후 현대 탁구가 시작되었다. 탑시트에 스펀지를 붙이면서 드라이브 기술이 새로 생겨났다. 새로운 러버는 더 많은 스핀을 가능하게 했다. 더 위력적인 스핀을 주기 위해 파워가 요구되었다. 하여 일본에서 개발된 드라이브 기술은 오히려 힘을 위주로 플레이를 하는 유럽 선수들의 주무기가 되었다.

이런 드라이브 전형을 무력화시키는 것이 빠른 공격이다. 막강한 스핀에 영향을 받지 않게끔 숏핌플 러버를 달고 빠른 공격을 주무기로 한 중국 선수들에게 유럽이 힘을 쓰지 못했다. 중국의 장지아량, 류궈량 같은 선수들이, 그리고 또 우리나라의 현정화가 숏핌플 전형으로 세계를 제패했다.

팔십년대 이후에는 스피드글루잉이 탁구의 양상을 바꾸어놓았다. 중진에서도 파워풀한 한 방 드라이브가 가능해졌다. 발트너가, 페르손이, 가티앵이 파워업으로 중국 탁구를 뚫어버린 것이 바로 스피드글루잉 시대의 일이다.

2008년에 스피드글루가 금지되었다. 이는 펜홀더의 퇴조라는 결과도 낳았다. 더 빠르고 더 파워풀한 한 방은 펜홀더 전형에 적격이다. 단기성 대회에서는 발트너고 뭐고 유럽을 뚫어버리곤 했던 김택수의 드라이브가 이와 무관하지 않을 거라는 해석이 있다. 2008년 이후 유승민의 국제대회 성적은 눈에 띄게 하락했다. 유승민의 이른 은퇴는 더이상 세계무대에서 통하지 않았기 때문인데 이 또한 스피드글루 금지 때문이라는 해석도 있다.

중국 탁구는 규제와 견제 속에서 끊임없이 성장했다. 러버 기술력이 부족했음에도 발상의 전환으로 롱핌플과 안티스핀 러버를 만들어냈다. 러버와 서브를 규제했지만 승자는 여전히 계속해서 변화를 모색하여 빠른 탁구를 구사한 중국이었다. 이후 스피드글루잉 시대에는 발트너를 필두로 한, 파워가 강해진 유럽세에 밀려났지만 이때야말로 중국 탁구가 가장 많이 발전한 시기였다.

한편으로는 왕하오가 보여주듯 중국식 펜홀더로 구사하는 이면 타법으로, 다른 한편으로는 공링후이, 왕리친에 이르는 셰이크핸드로 유럽을 극복해냈다. 왕리친 이후 장지커, 마롱, 판젠동에 이르러 중국 탁구는 피지컬이나 파워에 있어서도 유럽에 밀리지 않았다. 중국 탁구는 스피드, 파워, 기술 등 모든 면에서 독보적인 위치로 올라섰다. 도쿄 올림픽 결승의 주역인 마롱과 판젠동은 현대 탁구의 진수를 보여주었다. 빠른 속도의 공격과 더 빠른 속도의 반격의 대결이다.

치키타는 현대 탁구의 양상을 또 한번 바꾸어버렸다. 치키타로 인해 서브 리시브부터 공격적으로 바뀌었다. 추세는 점점 더 전진으로, 점점 더 빠르게. 현대 탁구는 러버의 발전에 따라 이전의 탁구와는 전혀 다른 스포츠가 되었다.

요는 탁구는 '라바빨'이라는 얘기다. 뭐, 자본주의 사회가 그런 거다. 게임이든 스포츠든 뭐든 장비빨 아니겠는가. 인생이 운빨이듯.

비싼 러버가 값싼 러버보다 성능이 좋을 거다. 그래서 나도 비싼 러버 쓰고 있다. 인생의 운빨이야 바라는 대도 되지 않지만, 탁구라도, 러버라도.

인생은 한 방, 탁구도 한 방

○

　탁구는 1988년부터 올림픽 종목으로 채택되었다. 이후 지금까지 열 번의 올림픽이 치러졌다. 세부 종목은 04년까지 남녀단식과 남녀복식, 이후로는 남녀단식과 남녀단체전 네 개 종목이었다. 2020 도쿄 올림픽부터 혼합복식이 추가되어 다섯 개 종목이 되었다. 2024 파리 올림픽까지 삼십육 년 동안 남녀단식에서 단 세 명의 논차이니스 금메달리스트가 나왔다. 2004 아테네의 유승민, 1992 바르셀로나의 발트너, 그리고 1988 서울의 유남규다.

　남녀단식 역대 금메달리스트들의 면면을 보면 거의 다 세계랭킹 1위를 찍은 당대 원탑인 선수들이다. 하지만 꼭 그렇지만은 않은 이가 둘 있다. 유남규와 유승민이다. 평소에 좀 살살 하다가 큰 대회에, 그것도 가장 큰 대회에 올인을 한 건 아니겠지만 그래도 그 하나의 금메달로 유남규는 한국 탁구의 대명사가 되었고 유승민은 IOC위원이, 대한탁구협회 회장이, 대한체육회 회장이 되었다. 인생은 한 방이다.

88올림픽 직전 7월에 ITTF에서 랭킹을 발표했다. 1위는 중국의 장지아량이었다. 장지아량은 85년부터 88년까지 연속으로 랭킹 1위를 지켰다. 2위는 스웨덴의 발트너, 3위가 중국의 첸롱칸, 6위는 스웨덴의 페르손, 10위는 스웨덴의 린드. 중국과 스웨덴의 선수들이 강력한 우승 후보들이었다.

우리 선수들의 랭킹을 보면 유남규는 11위, 김기택이 18위, 김완이 20위에 올라 있었다. 메달을 기대할 법도 했던 것이 유남규는 이미 86년 아시안게임에서 절정의 장지아량을 탈락시키고 금메달을 딴 바 있었다. 여자는 양영자가 4위, 현정화가 8위에 랭크되었다. 남녀를 통틀어보자면 그때 이미 충분히 탁구강국이었다.

1988년, 이런저런 일들로 유난히 아스팔트가 뜨거웠던 여름이 지나고 가을에 올림픽이 열렸다. 사상 첫 올림픽 금메달의 꿈을 안고 장지아량도 발트너도 다 서울로 왔다.

8강전에서 유남규의 상대는 페르손, 김기택의 상대는 발트너였다. 한국과 스웨덴의 원투펀치들이 만났다. 우리의 펀치들이 빛을 발했다. 특히 김기택은 풀세트 접전 끝에 발트너를 이겨버렸다.

다른 8강전에서는 스웨덴의 린드가 랭킹 1위 장지아량에게 이겨버리는 이변을 만들어냈다. 그리고 헝가리의 클람파르가 랭킹 3위 첸롱칸을 잡아버리면서 중국 남자탁구는 첫번째 올림픽 남자단식에서 아예 노메달을 기록하게 되었다.

결승전은 유남규와 김기택, 우리 선수들의 대결이었다. 김기택은 첫 세트를 먼저 따냈지만 이후 내리 세 세트를 내주면서 패했다. 김기택은 경기중에 자꾸 라켓을 바라보곤 했다. 뜻대로 플레이가 되지 않을 때 흔히들 라켓을 바라보지만, 나중에 김기택이 밝힌 내용은 그런 게 아니었다. 김기택은 숏핌플 전형이었다. 숏핌플 러버란 일반 러버와는 달리 도톨도톨한 돌기가 밖으로 나와 있다. 그런데 경기중에 보니 러버의 돌기가 한두 개 부러져 있었던 것이었다. 부러진 돌기 때문에 미스가 나는 것 같아서 러버 교체를 할까 계속 망설였다고 했다. 김기택은 그 망설임이 패인이라고 말했다. 자꾸 신경이 쓰였고 그 때문에 멘탈이 흔들렸다는 것이다. 어쨌든 유남규는 탁구 사상 첫 올림픽 금메달리스트가 되었다. 68년생이니 갓 스물에 탁구 인생의 정점을 찍어버린 것이다.

유남규는 의외로 이후 세계무대에서는 별다른 활약을 펼치지 못했다. 세계선수권대회에서 8강에 한 번 올랐던 게 최고 성적이다. 김택수가 4강에 한 번 8강에 세 번 올랐던 것과 비교되기도 했다. 국가별 쿼터가 있는 올림픽보다 중국 선수들이 우르르 몰려나오는 세계선수권대회가 더 어렵다는 얘기도 있다. 하지만 가장 큰 대회라면 역시 올림픽이다. 올림픽 금메달 하나는 다른 어떤 우승과도 바꿀 수 없는 값어치가 있다. 비록 다시는 메이저 대회에서 탑에 서지 못했지만 스물에 정점을 찍고 이후 내리막길을 걷는 선수 생활이 단 한번도 정점을 찍지 못하는 것보다는 비할 바 없이 좋은 거 아닐까.

다만 김기택은 어땠을까. 김기택이 러버 교체를 망설이던 그 잠깐 동안이 두 사람의 탁구 인생의 갈림길이 아니었을까. 또는 인생의 갈림길이 아니었을까. 인생은 선택의 연속이다. 그리고 중요한 선택은 운에 달려 있는 경우가 많다. 곧 순간순간의 운이 그 사람의 인생 아닐까. 무슨 소리냐면, 뒤늦게 후회하지 않으려면 부러진 것들은 빨리빨리 갈아주거나 고쳐줘야 한다. 그게 핌플이든, 마음이든.

우리에게는 유승민의 금메달로 기억되는 2004 아테네 올림픽 탁구는 중국의 압도적 독주 시대의 마지막 이변이었다. 올림픽이 개막되기 직전 7월과 8월의 랭킹을 보면 1위 왕리친, 2위 마린, 3위 유승민, 4위 왕하오다. 유승민으로서는 04년 1월 랭킹에서 처음으로 탑텐에 진입한 이후 최고 랭킹이었다.

세계 3위의 랭킹이니 얼마든지 메달을 딸 수 있을 것 같은 전력으로 보이지만 내막은 그렇게 간단하지 않았다. 유승민은 메달 후보들과의 상대 전적에서 많이 밀리고 있던 터였다. 1위 왕리친과는 1승 4패, 2위 마린과는 7전 전패, 4위 왕하오와는 6전 전패였다. 11위였던 티모볼과의 상대 전적도 3전 전패였다. 그래서 국내 언론에서는 단식보다는 이철승과 조를 이루어 나간 복식에서의 금메달을 기대하고 있던 형편이었다.

올림픽이 시작되었다. 유승민은 대진 운이 좋아서 메달을 기대할 만했다. 4강에 이르기까지 중국 선수들을 만나지 않는 대진이었다. 4강전의 상대는 발트너였다. 88올림픽에서 김택수에게 패해 메달권에 접근도 하지 못했던 그 발트너가 십육 년이 지났는데도 올림픽에 나왔고, 4강에 진출했다. 일찍이 탁구의 모차르트라 불렸던 탁구의 천재로 1989 도르트문트, 1997 맨체스터 세계선수권대회 2회 우승. 1992 바르셀로나 올림픽 금메달리스트다.

발트너의 마지막 올림픽이었다. 16강전에서 세계 2위 80년생 마린을, 8강전에서 9위 81년생 티모볼을 모두 4:1의 스코어로 돌려보냈다. 정확하게 빈 곳을 찌르는 코스 공략에 젊은 강자들이 포사이드 끝에서 백사이드 끝으로 뛰어다니다가 떨어져나갔다.

유승민은 달랐다. 포사이드 끝에서 백사이드 끝으로, 다시 포사이드 끝으로 뛰어다녔다. 나중에 발트너는 사상 최고의 풋워크로 유승민을 꼽았다. 그 풋워크가 유감없이 발휘된 경기였다. 신기의 풋워크로 가닿을 수 있는 모든 지점에서 대포알 같은 포핸드 드라이브를 퍼부어댔다. 발트너의 침착한 경기운영이 흔들렸다. 사상 최강의 펜홀더가 올타임 넘버원 올라운드 플레이어를 압도하며 결승에 올라갔다.

다른 조에서는 왕하오가 올라왔다. 왕하오의 4강전의 상대는 올림픽 직전에 랭킹 1위를 되찾은 왕리친이었다. 왕리친은 이전까지 유승민에게는 4승 1패로 앞서 있었고 왕하오에게도 4전 전승으로 앞서 있었다. 금메달이 목전이었다. 그러나 왕리친은 그만 왕하오에게 패하고 만다. 2006년까지 왕리친과 왕하오의 상대 전적은 10승 1패. 그런데 그 1패가 올림픽 4강전에서의 패배였다. 인생은 한 방.

결승전은 유승민과 왕하오였다. 왕하오는 중국식 펜홀더 전형이다. 이면 타법의 완성자로 일컬어진다. 이면 타법에서 나오는 백핸드 드라이브는 회전의 결이 다르고 회전량이 더 많다. 평소 접하지 못하는 까다로운 구질이다. 유승민은 이면 타법을 구사하는 왕하오, 마린에게는 한 번도 이겨보지 못했다. 올림픽 메달을 따려면 마린이든 왕하오든 누군가와는 맞붙을

터였다. 이거야 했다. 우리에게는 계획이 다 있었다.

올림픽 대표 선발전을 1위로 통과했던 김택수는 대회 직전 대표를 반납하고 유승민 전담 코치로 나섰다. 직접 이면 타법을 구사하면서 유승민을 훈련시켰다. 손목 인대가 늘어날 정도였다. 펜홀더 전형의 약점인 백핸드에 대비해 돌아서며 포핸드 드라이브로 받아치는 등, 극한의 풋워크 훈련을 했다. 삭발도 했겠다, 유승민은 준비가 다 되어 있었다.

결승전. 테이블 너머 상대를 쏘아보는 유승민의 눈빛은 강렬하고 날카로웠다. 왕하오는 미스가 많았고 유승민은 집중력을 잃지 않았다. 왕하오의 이면 타법, 백핸드 드라이브가 유승민의 카운터 드라이브에 막혔다. 월계관은 유승민에게 갔다.

유승민은 스물둘의 나이로 올림픽 금메달을 땄지만 이후 더이상 메이저 대회의 우승을 해내지 못한다. 왕하오와의 역대 전적도 통산 2승 18패. 그러나 그 2승 중 1승이 올림픽 결승전에서의 승리다. 18패의 아픔 이상으로 값진 1승이다. 인생은 한 방.

차세대 넘버원이었던 왕하오는 이내 넘버원이 되었다. 2007년 10월부터 2009년 12월까지 무려 이십오 개월 연속으로 랭킹 1위를 지켰다. 토탈 삼십사 개월 동안 랭킹 1위였다. 09 요코하마 세계선수권대회에서 우승하기도 했다. 그러나 올림픽과는 인연이 없었다. 04년 아테네 올림픽, 08년 베이징 올림픽, 12년 런던 올림픽 모두 결승에 올랐지만 모두 패했다. 유승민에게, 마린에게, 그리고 장지커에게. 3연속 은메달. 인생은 한 방인데.

왕리친은 올림픽보다 어렵다는 세계선수권대회에서 세 번이나 우승한 바 있다. 이십오 개월 연속 1위 기간을 포함해서 토탈 랭킹 1위 기간은 무려 오십팔 개월이나 된다. 하지만 왕리친은 올림픽 결승에도 오르지 못했다. 04 아테네 올림픽 4강전에서 왕하오에게 패하고 3,4위전에서 발트너에게 이겨 동메달에 그쳤다. 시상대에 오른 왕리친은 침통한 얼굴로 고개를 푹 숙였다. 08 올림픽에서도 4강전에서 마린에게 패했다. 3,4위전에서 페르손에게 이겨 동메달에 그쳤다. 인생은 한 방인데.

발트너가 세계무대에 등장한 83년 이후 세계 탁구는 이십 년간 중국과 스웨덴의 각축장이었다. 이 년마다 열리는 세계선수권대회 단체전에서 중국과 스웨덴은 거의 매번 맞붙었다. 이십 년간 열 번의 대회에서 중국과 스웨덴이 결승전에서 만난 게 일곱 번이었다.

이 이십 년 전쟁을 끝낸 트로이카가 왕리친, 마린, 왕하오였다. 이들로부터 또다시 중국 탁구의 거침없는 질주가 시작되었다. 랭킹 1위 기간이 토탈 십사 개월에 달했지만 마린에게는 메이저 대회 우승이 없었다. 세계선수권대회 결승에 세 번이나 결승에 올랐다. 그러나 1999 에인트호번 세계선수권대회에서는 류궈량에게, 2005 상하이 세계선수권대회와 2007 자그레브 세계선수권대회에서는 왕리친에게 패해 모두 준우승에 머물렀다. 특히 2007 자그레브 세계선수권대회 결승전에서는 세트스코어 2:0, 3:1의 리드를 지키지 못하고 4:3로 역전패를 당했다.

마린은 왕리친과 왕하오의 틈새에서 그렇게 끝날 것처럼 보였다. 본인 스스로도 더이상 기회가 없을 것 같다는 생각에 몹시 괴로워했다고 밝혔다. 그러나 마린은 08년 베이징 올림픽에서 빛을 발했다. 4강전에서 왕리친을, 결승에서 왕하오를 이기고 금메달을 땄다. 중국 선수로는 류궈량, 공링후이에 이어 세 번째. 왕리친도, 왕하오도 못해본 올림픽 우승이었다. 인생은 한 방.

 문제는 그 한 방이 언제 터질지 모른다는 거다. 유남규, 류궈량처럼 갓 스물에 터질 수도 있지만 마린처럼 막바지에 터질 수도 있다. 끝날 때까지는 끝난 게 아니다. 과연 우리는?

한국 탁구가 가장 빛났던 순간

○

   2024 파리 올림픽에서 한국 탁구는 혼합 복식과 여자 단체전에서 두 개의 동메달을 획득했다. 나름 커다란 성과였다. 탁구에서의 올림픽 메달은 십이 년 만의 일이었으니 말이다.

   신유빈은 혼복에서는 임종훈과, 여자 단체전에서는 전지희, 이은혜와 메달을 따냈다. 개인단식에서는 매우 아쉽게 4위에 머물렀다. 준결승전에서는 중국의 첸멍에게, 동메달결정전에서는 접전 끝에 일본의 하야타 히나에게 패했다.

   비록 단식에서 메달을 따내진 못했지만 신유빈은 파리 올림픽 이후 국내 최고의 스포츠 스타로 떠올랐다. 여러 CF의 모델로 나왔다. 아마 올림픽에 나왔던 선수들 중 가장 많은 광고를 찍었을 거다.

사람들은 흐뭇한 눈길로 신유빈을 바라봤던 것 같다. 신유빈은 일찍부터 탁구의 신동으로 알려졌다. 다섯 살에 〈스타킹〉에 출연했고 아홉 살에 〈무한도전〉에 출연했다. 탁구 잘 치는 아주 작은 꼬맹이가 성장해서 국가대표 선수가 되고 올림픽에서 메달을 따는 걸 지켜봤으니 어찌 아니 흐뭇할 수 있겠는가.

한국 탁구가 가장 빛났던 순간은 언제였을까. 올드 팬들은 유승민과 유남규를, 그리고 또 현정화와 양영자를, 단일팀 코리아의 이분희와 유순복을 떠올릴 거다. 또한 이에리사와 정현숙을 떠올릴 사람들도 있을 거다. 그들이 따낸 금메달의 순간을 떠올릴 거다.

내 생각은 조금 다르다. 나는 2022 항저우 아시안게임 혼합복식 시상식이 한국 탁구가 가장 빛났던 순간이라고 생각한다. 그때 금메달은 중국의 왕추친-순잉샤가, 은메달은 역시 중국의 린가오위안-왕이디 조가 따냈다. 우리 선수들, 임종훈-신유빈 조와 장우진-전지희 조는 나란히 중국에 패해 동메달에 머물렀다.

시상식 때 눈길을 끈 건 우리 선수들이었다. 먼저 장우진과 전지희가 동메달을 목에 걸었다. 전지희가 목에 단 메달의 줄이 옷깃을 누르자 장우진이 전지희의 매무새를 살펴주었다. 그 광경에 관중석에서 환호와 갈채가 쏟아졌다. 장우진은 놀라며 머쓱해했다. 뒤이어 임종훈과 신유빈에 미리 준비한 하트 세리머니를 펼치며 메달을 목에 걸었다. 임종훈 또한 신유빈의 매무새를 살펴주었다. 관중석에서 또다시 환호와 갈채가 쏟아졌다. 임종훈과 신유빈도 머쓱해하면서도 밝게 웃었다. 금메달과 은메달을 딴 중국의 선수들도 이를 지켜보며 함박웃음을 지었다. 중국 선수들은 원래 시상식에서 좀처럼 웃지 않는다. 무심한 표정으로 당연하다는 듯이 금메달을, 아쉽다는 듯이 은메달을 받아들곤 했다. 그랬는데 마치 드라마의 한 장면 같은 우리 선수들의 모습을 보면서, 거기에 환호하는 관중들에 동화되어 함께 웃었던 것 같다. 뒤이은 선수들의 셀카 장면에서도 모두들 웃는 얼굴이었다.

우리 선수들은 오랫동안 은메달을 따고도 고개를 숙여왔다. 동메달을 따면 얼굴을 들지 못했다. 메달을 따지 못하면 몸을 낮추었다. 메달이 그만큼 절실하기도 했지만 다른 한편 메달을 따지 못했을 때 가해지는 질책과 자책의 무게 때문이기도 했을 거다. 우리는 은메달이나 동메달을 따고도 기뻐하는 다른 나라의 선수들을, 메달을 따지 못하고도 밝게 웃는 다른 나라의 선수들을 부러워해왔다. 동메달을 따고도 환하게 웃고, 환호와 갈채를 받고, 지켜보는 모든 사람을 웃음 짓게 할 수 있다는 걸 우리 선수들이 그 순간에 극적으로 보여주었다. 우리가 모르는 사이에 우리가 선진국이, 선진 사회가 되었다.

파리 올림픽의 혼합복식 시상식에서 신유빈, 임종훈이 은메달을 따낸 북한의 리정식-김금영 조와 자연스럽게 셀카를 찍는 모습도 화제가 되었다. 금메달리스트보다, 은메달리스트보다 우리 선수들의 표정이 더 밝아 보였다. 시상식 직후 믹스트 존에서 신유빈은 "어떡해, 너무 좋아!"라며 기쁨을 감추지 않았다.

신유빈은 2025년 7월 현재 세계랭킹 10위다. 중국 선수들에게 약하다는 단점이 있다. 그 단점이야 순잉샤를 제외한 모든 선수의 공통점이라 그렇다고 쳐도 일본의 선수들에게도 그리 강하지 못하다는 단점도 있다.

신유빈이 이런 단점을 극복하고 과거의 영광을 재현할 수 있을까. 유남규나 유승민처럼 언더독에서 올림픽 금메달리스트로 우뚝 설 수 있을까. 가능성이 없지는 않겠지만 매우 어려울 것 같다. 그만큼 중국의 독주는 일방적이다. 하야타 히나와 미와 하리모토 등이 보여주는 일본의 저력도 우리가 따라잡기 버거운 느낌이 있다.

그러나 여태까지보다 더 높은 성과를 거두지 못한다 해도 나는 신유빈이 이미 많은 것을 이루었다고 생각한다. 올림픽 금메달보다, 세계선수권의 금메달보다 더 빛나는 것을 보여주었다고 생각한다. 신유빈이 앞으로도 그러하기를. 그 어떤 올림픽 금메달리스트보다 더 환한 웃음으로 기억되기를. 우리 스포츠가 금메달의 무거움보다 환한 웃음들의 가벼움으로 나아가기를.

대통령 영부인배
여성 탁구대회라는 것도 생겼다

○

●

 사라예보의 기적이라 일컬어지는 1973 세계선수권 여자단체전 우승은 한국 스포츠에서 가장 커다란 사건 중 하나다. 구기종목 사상 최초의 세계대회 우승이었다. 나라 전체가 들썩거렸다.

 1973년 우리나라의 1인당 GDP는 사백 달러. 매우 가난했다. 경제 외적인 측면에서도 내세울 게 없었다. 스포츠도 마찬가지였다. 그때까지 올림픽에서 금메달을 따본 적이 없었다. 월드컵 축구는 지역예선 탈락이 당연시되었다. 어느 종목이든 아시아에서 성적을 내면 찬사를 받던 시절이었다. 그런데 세계대회에서 우승해버린 것이었다. 그것도 중국과 일본을 차례로 이겨내고.

대회를 앞두고 2월에 발표된 세계랭킹을 보면 1위에서 4위까지 중국 선수들 차지였다. 9위도 중국 선수였다. 세계 탑텐에 중국 선수가 무려 다섯 명이나 있었다. 일본에서는 두 명이 탑텐에 이름을 올렸다. 우리는 이에리사가 6위로 유일한 탑텐이었다. 그리고 박미라가 21위, 정현숙이 30위에 랭크되었다.

대회 진행 방식은 2개조 7개팀 리그전, 이후 각 1,2위 팀이 예선 전적을 안고 결승 리그를 치르는 방식이었다. 4단식 1복식. 한국과 중국은 예선에서 같은 조에 속했다. 서로 5연승을 기록한 뒤에 한국과 중국이 맞붙었다. 결승리그에서 예선 전적이 남는 방식이라 중국과의 경기가 실질적인 결승전이었다. 단식에서 이에리사가 2승을, 정현숙이 1승을 거두며 3:1로 중국을 이겼다. 결승리그에서 다른 조에서 올라온 헝가리와 일본을 상대했다. 모두 이기고 전승으로 우승을 차지했다.

놀라운 일은 이에리사가 단체전에서 치른 열아홉 경기에서 모두 승리했다는 것이다. 열아홉 이에리사의 단체전 19연승으로 한국은 구기종목 최초로 세계대회 우승을 이루어냈다.

놀라운 일이 하나 더 있었다. 단체전 단식 19전 전승으로 이후 열린 개인 단식에서도 웬만하면 우승 아닐까 했던 이에리사였지만, 실로 놀랍게도 첫 경기에서 빛의 속도로 탈락하고 말았다. 그리고 정현숙은 8강에서 탈락했다. 단체전에서 복식 멤버였던 박미라가 오히려 개인단식 4강에 진입하는 성과를 거두었다.

세계선수권 대회 이후 7월에 발표된 랭킹을 보면 이에리사가 2위, 박미라가 5위, 정현숙이 8위다. 우리 선수들이 탑텐에 세 명이나 이름을 올린 것이다. 남녀 통틀어 우리 선수가 탑텐에 세 명이 들어간 시기는 이때가 유일하다.

사라예보의 기적은 탁구 외적으로도 대단한 일이었다. 국가적 경사였다. 김포공항에 무려 삼십만의 환영 인파가 몰려나왔다. 공항에서부터 카퍼레이드가 시작되었다. 천영석 감독은 코르비용 컵을 높이 들어올렸다. 수만 명이 모여든 서울 시청 앞 광장에서 환영행사가 열렸다. 카퍼레이드부터 환영행사까지 생중계가 되었다. 환영행사가 끝나고는 곧바로 청와대로 이동했다.

카퍼레이드는 당일 몇 시간으로 끝나지 않았다. 한 달간 전국 각지를 돌며 카퍼레이드가 이어졌다. 시절이 매우 수상하던 시절이었다. 전년에 박정희 정권은 유신을 선포했다. 계엄령 선포였다. 두 달 뒤 국민투표로 헌법을 개정했다. 유신헌법의 핵심은 자기 혼자 천년만년 대통령을 하겠다는 것이었다. 반대하는 자들은 아무때나 어떻게든 긴급조치로 잡아넣겠다는 것이었다.

정국은 곧바로 얼어붙었다. 이런 시기에 국가적 경사가 터진 것이었다. 유신 독재정권은 국민의 시선을 잡아끌 게 필요했다. 그리고 또 국민은 국민대로 독재정권을 외면할 만한 다른 것이 필요했다. 때마침 초대형 이벤트가 터져버린 거였다. 처음 들어보는 사라예보라는 낯선 도시에서 이에리사라는 독특한 이름의 열아홉 여전사가 만들어낸 기적. 어쨌든 모두에게 커다란 기쁨이었다.

●

사라예보의 기적은 기적 같은 일이었지만, 사실 전혀 예견하지 못했던 기적만은 아니었다. 대회 전 우리 여자대표팀의 목표가 우승이었다.

겁도 없이, 간도 크게 덜커덕 우승을 목표로 삼은 기저에는 대회 몇 달 전 스칸디나비아 오픈에서 이에리사와 정현숙이 단, 복식을 석권해낸 자신감이 있었다. 그리고 또 이전 대회인 1971 나고야 세계선수권 대회에서 단체전 3위를 기록했기 때문에, 3위보다 좋은 성적을 목표로 한다면 우승밖에 없기도 했다. 준우승을 목표로 삼는 경우는 없으니까.

대표팀은 우승을 목표로 대회 69일 전부터 합숙에 들어갔다. 칠십년대 초라 훈련이 참 빡셌을 거다. 체력 훈련, 기술 훈련뿐만 아니라 정신력을 극대화하기 위해 한 시간 동안 좌선을 하기도 했다. 새벽 다섯시부터. 특별강사로 조계사의 무진장 스님을 초빙했다. 새벽 다섯시에 참선 가려면 네시 반에 일어나야 했다.

하라면 해야 하는 시절이었다. 뭐든 독재정권이 하라면 해야 했다. 탁구협회장이 하라는 것도 해야 했을 거다. 하다하다 새벽 다섯시 참선도 해야 했을 거다.

 당시 탁구협회장은 신진자동차 사장인 김창원이었다. 신진자동차는 현대자동차가 나오기 전 국내 최대 자동차 회사였다. 김창원 회장은 탁구 마니아이기도 했다. 하여 신진공고 체육관을 완공하자마자 탁구대표팀에게 제공했다. 나름 체육관 완공을 기대한 신진공고 학생들은 체육관 구경도 못했다. 신진공고 체육관 앞의 신진여관이 당시 대표팀 숙소였다. 세계 탁구의 신진세력이 나올 만한 곳들이었다.

 이에리사는 1971 나고야 세계선수권 대회에서도 핵심 멤버였다. 불과 열일곱의 나이였다. 이에리사의 국가대표 발탁은 열다섯 때였다. 역대 최연소 국가대표 기록이었다. 이 기록을 바꾼 건 신유빈이다. 14세 11개월로 새로운 역대 최연소 국가대표가 되었다.

 나고야 세계선수권 대회 직전에 발표된 랭킹을 보면 이에리사가 12위에 올라 있었다. 그리고 당시 한국 넘버원이던 최정숙은 21위에 랭크되었다. 30위 안에 우리 선수는 두 명인데 일본은 여섯 명이나 있었다. 중국은 다섯 명.

당시 세계랭킹 1위는 일본의 고와다였다. 중국이 문화혁명으로 세계선수권 대회에 참가하지 않던 육십년대 중후반에는 일본이 탁구 원탑이었다. 중국이 등장하기 전인 오십년대 초중반에도 일본이 원탑이었다.

1967 스톡홀름 세계선수권 대회에서는 남녀단체전과 남녀단식 우승을 모두 일본이 차지했다. 1969 뮌헨 세계선수권 대회에서도 남녀단식 및 남자단체전 우승을 가져갔다. 여자단체전 우승은 소비에트. 일본 여자팀은 3위. 이런 호성적을 바탕으로 65년부터 71년 나고야 세계선수권 대회 전까지 여자랭킹 1위는 모두 일본 선수였다. 이런 어마어마한 레벨의 일본과 맞붙은 4강전에서 역전패를 당하며 3위에 머물러야 했다. 일본은 결승에서 중국을 만나 3:1로 이기며 우승을 차지했다.

비록 결승 진출에 실패했지만 세계선수권 대회 단체전 3위는 전에 없던 매우 좋은 성과였다. 선수단은 귀국 후 김포공항에서 시내까지 카퍼레이드를 했다. 3위의 성적으로 카퍼레이드를 한 경우가 또 있었을까. 행사는 끝없이 이어졌다. 청와대에 가서 대통령도 만나고 영부인도 만났다.

그 와중에 대통령 영부인배 여성 탁구대회라는 것도 생겼다. 탁구만이 아니었다. 이미 영부인배 쟁탈 배구대회와 영부인배 쟁탈 여자 테니스 대회가 있었다. 탁구는 세번째였다. 나중에는 그냥 육영수 여사배라고 했다. 그런 시대였다. 그러니까 대통령 영부인배 탁구 대회가 전혀 이상하지 않았던 시대. 그 와중에 영애 박근혜 양도 영부인배 탁구대회 개회식에서 이에리사와 탁구를 한번 쳐보기도 했다.

●

우리 여자대표팀의 1975 콜카타 세계선수권 대회의 목표 또한 우승이었다. 당연했다. 디펜딩챔프라 이전 성적보다 낮은 목표치를 설정할 수는 없었다. 사라예보의 주역인 이에리사, 정현숙이 건재한 상황이었다. 이에리사가 불과 스물한 살, 정현숙이 스물셋. 젊은 나이에 경험치가 있으니 우승후보로 꼽힐 만했다.

세계선수권 대회를 준비하기 위해 합숙에 들어갔다. 이번에는 57일간. 그리고 또 무진장 스님을 초빙했다. 새벽부터 참선의 시간을 가졌다. 그나마 조금 나아진 건 이번에는 새벽 여섯 시부터.

세계선수권 대회 전에 발표된 랭킹을 보면 이에리사가 3위, 정현숙이 6위였다. 랭킹 1,2위는 중국의 후유란과 장리. 일본에서는 오제키가 4위, 토미에가 8위에 올라 있었다. 우리 대표팀은 디펜딩 챔프답게 물이 오를 대로 오른 전력을 과시했다. 모든 경기를 3:0으로 완벽하게 이겨버렸다. 준결승전에서 일본과 맞붙었을 때도 3:0으로 이겼다.

그러고 나서 맞이한 결승전 상대는 물론 중국이었다. 안티 스핀러버를 장착한 거신아이가 중국의 비밀병기였다. 듣도 보도 못한 구질에 이에리사와 정현숙이 패하고 말았다. 3:2로 준우승.

3위 했을 때 카퍼레이드에 청와대 초청에 대통령도 만나고 영부인배 탁구대회가 생기기도 했다. 우승했을 때는 한 달간 전국 각지 카퍼레이드에 청와대 초청에 대통령도 만나고, 영부인도 만났다. 그새 눈이 높아져서 준우승에도 불구하고 환대하지는 않았던 것 같다. 당시 동아일보 기사를 보면 '탁구협회는 단체전준우승을 차지한 여자팀과 10위를 차지한 남자선수들 그리고 임원들에게 화환을 증정하며 카아퍼레이드는 벌이지 않기로 했다'고 나와 있다.

●

1977 버밍엄 세계선수권 대회 때도 핵심멤버는 이에리사와 정현숙이었다. 그들의 마지막 세계선수권 대회였다. 이 시기에는 정현숙이 세계랭킹 5위, 이에리사가 11위. 랭킹 1위는 북한의 박영순, 2위는 중국의 장리, 3위는 중국의 거신아이였다. 목표는 당연히 우승이었다. 사라예보의 우승으로 국가적 환대를 받다가 준우승했다고 홀대를 받았으니.

탁구협회 회장이 바뀌었다. 동아그룹의 최원석. 세계선수권 대회를 대비해 자신의 기흥 별장을 대표팀 캠프로 내주었다. 뭐, 그런 시절이었다. 기상은 여섯시로 이전보다 늦춰졌다. 그리고 참선 대신 요가 프로그램을 넣었다.

우리 대표팀은 조 1위로 예선을 통과했다. 4강 토너먼트에서 세계랭킹 1위 박영순의 북한을 만났다. 남북대결에 목을 매던 시절, 결승전보다도 더 중요했던 4강전이었다. 이에리사와 정현숙이 단식에서 박영순을 이기고 복식에서도 접전 끝에 이겨서 3:1로 승리했다.

결승전 상대는 중국. 세 대회에서 연속으로 한국과 중국이 결승전을 치르게 된 거였다. 중국의 벽은 더 높아졌다. 한 세트도 내주지 않으면서 우승을 가져갔다. 우리는 준우승. 준우승이라 카퍼레이드 안 했다. 청와대에는 불렀다.

칠십년대의 여자대표팀은 정말이지 대단했다. 네 번의 세계선수권 대회 단체전에서 우승 한 번, 준우승 두 번, 3위 한 번을 기록했다. 이에리사와 정현숙이 일구어낸 성과다. 2회 우승, 2회 준우승을 기록한 중국과 대등하게 맞서 싸웠던 십 년간이었다. 매번 바뀌는 중국선수들을 상대로 이만큼 해냈다는 건 실로 놀라운 일이다.

더 놀라운 일은, 굳이 놀라보자면, 단체전에서 이렇게 뛰어난 호성적을 기록하는 동안 개인단식에서는 박미라가 4강에 한 번, 정현숙이 8강에 세 번, 무엇보다도 천하의 이에리사가 16강에 한 번 오른 게 고작이었다. 단체전의 단식에서는 상대가 세계랭킹 1위든, 2위든, 중국 선수든, 일본 선수든, 북한의 박영순이든 누구든 이겨버리면서도 막상 단체전이 끝난 뒤의 개인단식에서는 도무지 단체전에서의 경기력을 발휘하지 못했다.

　달리 말하자면, 단체전에서만큼은 실력 이상의 저력을 발휘했던 것이다. 이 놀라운 저력이 91년 지바 세계선수권 대회에서 또다시 발휘되었다. 현정화, 이분희, 유순복이 덩야핑의 중국을 이기고 우승했다. 우승을 했으니, 그것도 단일팀으로, 이십 년 만에 카퍼레이드를 했다. 노태우 대통령은 대표팀을 청와대로 초청하여 치하했다.

　중국의 벽은 점점 더 높아져만 갔다. 이제 또다시 코르비용컵을 가져온다는 건 기대하기 힘든 일이 되었다. 카퍼레이드도. 우리뿐 아니라 어느 나라에게도 기대하기 힘든 일이 되었다. 벽이 워낙 높다보니. 그래도 우리는 언젠가 또 해낼 수 있지 않을까. 우리에게는 실력을 넘어서는 놀라운 저력의 유전자가 있으니 말이다.

지구를 들어올린 탁구공, 박영순

○

ITTF의 홈페이지에 가서 역대 랭킹 히스토리를 보다보면 눈에 확 들어오는 매우 흥미로운 사실이 있다. Pak YungSun이라는 우리 이름의 선수가 칠십년대에 무려 사 년여간 세계 랭킹 1위를 지켰다. 박영순(56년생)은 1975 콜카타 세계선수권대회, 1977 버밍엄 세계선수권대회 여자 단식에서 2연패를 달성했다. 몰랐던 이름이고 몰랐던 수상 내역이다. 그도 그럴 것이 박영순은 북한 선수다.

박영순은 열여덟 살인 74년에 세계 랭킹 탑텐에 등장했다. 이듬해인 75년 6월에 단번에 세계 랭킹 1위를 찍었다. 내내 1위를 고수하다가 1979년 7월의 랭킹 발표에서 5위로 밀려났다. 사 년 일 개월간 연속으로 1위를 지켰다.

비교할 만한 기록이라면 올림픽 2연패, 세계선수권대회 3회 우승의 덩야핑(73년생)이다. 덩야핑은 91년 5월부터 93년 1월까지 이 년 가까이, 또 93년 3월부터 98년 은퇴할 때까지 만 오 년여 동안 연속으로 랭킹 1위를 유지했다. 덩야핑은 스물다섯의 창창한 나이에 은퇴했다. 강제로 은퇴당했다는 소문도 있었다. 당시 중국 탁구의 샛별이었던 서구형 미인인 왕난(78년생)을 밀어주려고 은퇴를 시켰다는 것이다. 뭐, 어디까지나 소문이다.

올림픽 금메달 1회, 세계선수권대회 3연패를 기록한 왕난은 99년 1월부터 02년 11월까지 아마도 거의 연속 1위였다. (ITTF의 랭킹 히스토리에는 97년부터 00년까지의 여자 랭킹이 대부분 빠져 있어서 덩야핑과 왕난의 연속 1위 기록이 정확하지 않다.)

올림픽 2연패, 세계선수권대회 2회 우승의 장이닝(81년생)은 03년 1월부터 07년 12월까지 만 오 년간 연속 1위였다. 그러니까 덩야핑, 왕난, 장이닝 같은 역대급 선수들과 어깨를 나란히 하는 그 레벨에 박영순이 있었다는 애기다.

박영순은 1975 콜카타 세계선수권대회에서 불과 열아홉의 나이로 우승했다. 역대 최연소 우승이었다. 이 기록은 1991 지바 세계선수권대회에서 열여덟 살 덩야핑의 우승으로 깨졌다.

〈지구를 들어올린 탁구공〉이라는 박영순 다큐가 있다. 탁구 입문부터 1975 세계선수권대회 우승까지를 다루었다. 이 다큐에 따르자면 박영순은 어린 시절부터 교원 지도자 동무의 지도 아래 걸어치기—윗동네에서는 드라이브를 걸어치기라고 하나 보다—를 집중적으로 연마했다고 한다. 하루 천 개씩이나. 교원 지도자 동무는 심지어 오른손잡이인 박영순이 처음 탁구를 시작할 때 왼손이 경쟁력 있다면서 굳이, 기어이 왼손으로 탁구를 치게 했다. 왼손으로 치다보니 워낙에 발전이 더디어서 박영순은 포기할 생각도 했지만 결과적으로 보자면 그 교원 지도자 동무 참 남다른 혜안을 지녔던 거다. 테니스의 라파엘 나달도 원래 오른손잡이였다. 테니스를 하면서 왼손으로 바꾸었다. 다른 종목들처럼 라켓 스포츠도 왼손이 유리하다. 희소성 때문이다.

첫 우승 이 년 뒤, 1977 버밍엄 세계선수권대회 단체전 4강전에서 남북이 만났다. 남북 탁구가 단체전에서 처음으로 만난 대회였다. 남에는 73 사라예보 세계선수권대회 단체전 우승, 75 콜카타 세계선수권대회 단체전 준우승의 주역인 이에리사와 정현숙이 있었다. 북한에는 랭킹 1위 박영순이 있었다. 절대 지면 안 되는 경기에서 남한이 이겼다. 박영순이 제 몫을 하지 못하고 2패를 당한 탓이었다. 남한은 결승에서 중국을 만나 패하며 준우승에 머물렀다.

박영순은 단식에서 힘을 냈다. 중국 선수들을 다 이겨내며 우승, 2연패에 성공했다. 남은 단체전 준우승, 북은 개인전 우승. 어디가 더 만족스러운 결과였을까.

박영순은 칠십년대 여자 탁구의 원탑이었다. 세계무대에서의 뛰어난 활약으로 북한에서 인민체육인(1975), 로력영웅(1985)의 칭호를 받았다.

박영순은 1987년 서른한 살의 젊은 나이로 사망했다. 사인은 정확하게 알려지지 않았다. 불치병이었다는 얘기도 있고 출산중 사고였다는 얘기도 있다. 북한 당국은 이 불세출의 스포츠 영웅에게 끝까지 예우를 다해 애국열사릉에 안치했다. 최승희, 한설야, 홍명희 등이 묻힌 곳이다.

여기, 이 좁은 땅에서는 천재들이 갑자기 툭툭 튀어나오곤 한다. 인프라고 뭐고 개뿔도 쥐뿔도 없는데 주머니를 뚫고 나와 맨땅에 헤딩하다가 세계 탑으로 올라서는 송곳들이 튀어나오곤 한다. 조훈현이나 박태환이나 김연아나…… 탁구만 봐도 언더독임에도 놀라운 집중력으로 올림픽 금을 따낸 유남규, 유승민 등의 송곳들이 있다. 그런데 이번에 박영순을 보니 아랫동네뿐만 아니라 윗동네도 그랬던 거였다. 까마득한 칠십년대에. 역시 우리는 같은 DNA.

탁구의 바나나, 탁구의 스트로베리

플릭flick이란 탁구대 위에서 짧게 스윙하는 공격을 뜻한다. 플립flip이라고도 한다. 네트 앞으로 짧게 떨어지는 공을 탁구대 위에서 가볍게 타격(스트로크/스매시/드라이브)하는 타법이다. 포핸드 플릭이 있고 백핸드 플릭이 있다. 백핸드 플릭 중에서 특히 횡회전을 주는 사이드스핀 백플릭을 바나나 플릭 또는 치키타chiquita라고 한다.

사이드 스핀이 걸리면 공의 궤적은 휘어진다. 이 휘어지는 궤적이 바나나를 연상시킨다고 해서 바나나 플릭이라는 명칭이 생겼고 치키타라는 별칭이 생겼다. 치키타란 유명한 바나나 회사 이름이다.

치키타를 처음 구사한 선수는 체코의 페트르 코르벨로 알려져 있다. 코르벨은 어느 인터뷰에서 스스로 치키타라는 기술을 처음 만든 건 아니지만 실질적으로 효과적으로 사용한 건 자신이 처음이라고 말했다. 펜홀더 전형의 중국 선수들을 상대하면서 치키타를 응용, 개발했다는 것이다. 펜홀더 선수가 백사이드 깊은 곳에 있을 때에는 포핸드 코스를 공략한다. 상대가 이에 대비해 포사이드를 지키면 백사이드로 깊이 찌른다. 치키타는 이런 코스 공략에 매우 효과적인 기술이고 이런 공략법으로 마웬거를 두 번이나 이겼다고 밝혔다.

코르벨은 중국의 스포츠 잡지에서 자신의 치키타를 다룬 것을 보고 놀랐다고 말하기도 했다. 중국에서는 이미 상세하게 치키타에 대해 분석하고 있었다. 테이블 위에서의 상체의 위치라거나 팔꿈치의 각도라거나 손목 움직임 등등. 이러한 분석과 대비는 오래지 않아 곧바로 결실을 맺게 되는데 장지커가 치키타를 앞세워 세계 정상에 올랐다.

장지커의 치키타는, 그러니까 중국의 치키타는 코르벨의 것과는 조금 다르다. 코르벨의 치키타는 팔꿈치를 축으로 한 전완의 스윙으로 이루어진다. 요즘 핫한 이토미마의 치키타도 이런 스타일이다. 이에 반해 장지커의 치키타는 손목을 많이 쓰는 스윙이다. 그만큼 간결하고 또 빠른 대처가 가능하다는 장점이 있다.

장지커 이후 중국 스타일의 치키타가 대세가 되었다. 마롱, 판젠동, 하리모토 등등 다 이런 스타일의 치키타를 구사한다. 치키타로 탁구의 양상은 또 달라졌다. 치키타 이전에는 서브를 하는 쪽이 유리했다. 그 유리함을 줄이기 위해 오픈서브 규정이 만들어졌다. 그랬던 것이 이제는 서브의 유리함이 사라졌다. 치키타 이전에는 네트 앞에 떨어지는 짧은 서브에 대해 공격적으로 리시브하는 게 쉽지 않았으나 치키타로 2구 리시브부터 선제 공격이 가능하게 되었다. 심지어 포핸드 쪽 네트 가까이 떨어지는 공도 치키타로 선제 공격하는 것이다. 서브하는 쪽에서는 곧바로 치키타 대비를 해야 된다. 점점 더 전진에서 플레이하고 점점 더 빨라지는 것이 현대 탁구의 양상인데 치키타가 이를 가속화시킨 것이다.

백핸드 플릭 중에 스트로베리 플릭이라는 것도 있다. 스트로베리 플릭이란 치키타와 반대 방향의 횡회전 플릭이다. 펜홀더의 홀리기와 비슷한 기술이다. 이 또한 요즘 이토미마가 종종 보여주고 있다. 그러고 보니 사이드 스핀 플릭은 이토미마 전용 같아 보인다. 일본에서는 이미 미마펀치, 미마치키타라는 용어까지 만들었다. 그에 이어 미마스트로베리라 이름을 붙였다.

스트로베리 플릭은 이토미마 전부터 있었던 기술이다. 원래는 부메랑 플릭이라고 했다. 휘어지는 궤적이 부메랑 같아서 붙은 이름이다. 이 또한 장지커가 가끔 구사한 적이 있다. 이토미마와 더불어 사이드 스핀 플릭 전문가 같다.

누가 만들었는지 확실치 않은 거의 모든 탁구 기술 명칭과는 다르게 스트로베리 플릭이란 명칭을 만든 사람이 누구인지는 알려져 있다. 독일 선수 출신이자 미국 대표팀 코치인 스테판 페스다. 그리고 이 명칭을 널리 알린 이는 ITTF 대회 공식 해설자인 아담 보브로우다. 2017년 체코 오픈 중계에서 아담 보브로우가 이토미마의 플레이를 보고 스트로베리 플릭!이라고 외치면서 스트로베리 플릭이라는 명칭이 널리 알려졌다.

스트로베리 플릭이라는 명칭이 붙은 데에는 다른 이유가 없다. 우리가 짐작할 수 있는 바로 그 이유다. 바나나 플릭이 있으니 뭐라도 다른 과일 이름을 갖다붙이다보니 그렇게 된 것이다. 탁구의 바나나, 탁구의 스트로베리다. 그래도 바나나 회사 이름임을 알고 나니 매력이 떨어져 보이는 치키타라는 명칭보다는 한결 있어 보인다. 스트로베리 플릭! 스트로베리 필즈 포에버!

탁구 사상 가장 경이로운 풋워크

○

 탁구의 풋워크 중에 팔켄베리 풋워크라는 게 있다. 유튜브에서 검색해보면 유승민의 풋워크 연습 영상이 있다. 레슨 좀 받아본 이들은 아, 저거 하면서 알아차릴 거다. 그게 팔켄베리 풋워크다. 유승민의 탁구 사상 가장 경이로운 풋워크는 팔켄베리로부터 비롯되었다.

 팔켄베리Falkenberg란 스웨덴의 지명이다. 1971 나고야 세계선수권대회 남자 개인단식에서 우승한 스웨덴의 스텔란 벵송이 팔켄베리 출신이다. 벵송이 비교적 단신이라 남들보다 풋워크를 열심히 했던 것일까. 어쨌든 스웨덴 최초의 세계선수권대회 우승자 벵송 덕분에 이 풋워크가 널리 알려졌다. 벵송은 팔켄베리 탁구 클럽 소속이라 팔켄베리 풋워크라 칭해졌다. 팔켄베리에는 심지어 벵송의 동상도 있다고 한다.

비단 풋워크뿐만 아니라, 벵송은 러버의 역사에 등장하는 이름이기도 하다. 1971 나고야 세계선수권대회 우승 당시 벵송이 사용했던 러버가 바로 야사카의 마크V였다.

공에 강한 전진 회전을 걸어 공격하는 탑스핀이라는 드라이브 기술은 육십년대에 일본에서 개발되었다. 당시 일본은 탁구 최강국이었으니 최신 기술이 개발되는 게 이상한 일도 아니었지만 다른 한편으로는 고무 관련 기술이 앞서 있던 때문이기도 했다. 스펀지와 탑시트가 결합한 형태로서의 러버가 만들어진 이후에 강한 탑스핀으로 공격하는 드라이브 기술이 가능해졌다.

드라이브 이전의 탁구, 스펀지와 탑시트로 이루어진 러버 이전의 탁구는 스매싱과 커트의 탁구였다. 드라이브가 개발되면서 비로소 현대 탁구가 시작되었다. 드라이브 이후의 탁구는 공을 때리는 스포츠에서 공에 회전을 주는 스포츠로 바뀌었다.

드라이브를 더 강력하게 만들어주는 건 고성능 러버다. 1967년에 버터플라이에서 스라이버를 출시했고 1969년에 야사카에서 마크V를 출시했다. 이전과는 다른 고탄성 고마찰 러버였다. 이 첨단 러버는 너무 센 반발력 때문에 처음에는 큰 인기를 끌지 못했지만 이 러버들을 사용한 선수들이 뛰어난 성적을 거두면서 주목을 끌게 되었다.

71 나고야 세계선수권대회에서 벵송이 마크V를 달고 우승했다. 75 콜카타 세계선수권대회에서는 헝가리의 요니에르가 버터플라이의 스라이버를 달고 우승했다. 스라이버와 마크V가 러버 시장의 대세가 되었다.

71 세계선수권대회, 75 세계선수권대회의 남자 단식 우승자는 유럽에서 나왔다. 그리고 67 스톡홀름, 69 뮌헨 세계선수권대회 남자 단식 우승자는 일본에서 나왔다. 77, 79 세계선수권 우승자도 일본에서 나왔다. 이 기간 동안 중국 탁구가 사라졌다. 문화혁명 때문이었다.

문화혁명은 중국의 모든 것을 집어삼켰다. 탁구도 예외일 수 없었다. 이 와중에 59 세계선수권대회 우승자인 룽궈탄은 자본주의자로 규정되어 시달린 끝에 자살을 택했다. 중국 탁구는

67, 69 세계선수권대회에 참가하지도 못했다.

문화혁명이 종료된 1969년 말에야 비로소 중국 탁구도 다시 부활하기 시작했다. 마오 주석이나 저우언라이 총리가 홍군 시절부터 탁구 마니아이기도 했지만 71 나고야 세계선수권대회 참가 여부는 국제정치적 관점에서 결정되었다. 그사이에 중소 분쟁이 있었기 때문에 중국으로서는 밖으로 나와야 했다. 적의 적과, 그러니까 미국과 좋은 관계를 만들어야 했다.

육십년대 초반 세계선수권대회 남자 단식 3연패를 했던 주앙저동은 71 나고야 세계선수권대회에 참가했지만, 예선에서 탈락하고 말았다. 하지만 주앙저동은 중국 탁구 선수단이 궁금해서, 특히 중국 탁구의 영웅 주앙저동이 궁금해서 중국 선수단 버스 주위를 기웃거리던 미국 탁구 선수를 태우고 대화를 나누었다. 그러면서 그를 선수단 숙소로 초청한다. 이게 유명한 핑퐁 외교의 서막이다.

다시 풋워크 얘기로 돌아오자면, 발트너의 인터뷰 중 선수들에 대한 평가한 대목이 있다. 그는 최고의 풋워크로 유승민을 꼽았다. 그럴 법도 하다. 아테네 올림픽에서 발트너를 상대로 유승민은 탁구 사상 최고의 풋워크를 보여주었으니까. 신기에 가까운 풋워크는 코트의 모든 곳에서 포핸드 공격을 구사하려는 펜홀더 전형의 전유물이다. 셰이크핸드 전형은 그렇게까지 할 필요가 없다. 백사이드는 백핸드 드라이브로 처리하면 되니까.

중국 선수 쉬신의 별명은 클라우드 워커다. 구름 위를 걷는 듯한 풋워크를 구사한다는 의미다. 쉬신은 중국식 펜홀더 전형이다. 이면 타법으로 정교하고도 강력한 백핸드 드라이브를 구사했던 왕하오와는 달리 쉬신은 모든 지점에서 포핸드 드라이브 공격을 선호한다. 하지만 공이 바뀐 다음에는 쉬신의 플레이 스타일에도 변화가 왔다. 이전에는 스핀이 많은 드라이브 한 방이면 끝났다. 공의 스핀이 줄어드니 상대가 쉬신의 드라이브를 전진에서 빠른 타이밍에 카운터를 날릴 수 있게 된 것이다. 더이상 코트 전면을 풋워크로 커버하며 포핸드 드라이브로 게임을 끌고가는 전술이 유효하지 않게 되었다. 아이러니다. 눈에 잘 보이지 않는 게임 스피드를 줄이기 위해 공의 크기를 크게 하고 공의 재질을 바꾸었는데 그로 인해 눈에 보이는 게임 스피드가 훨씬 더 빨라졌다.

유승민을 끝으로 펜홀더가 사라졌다. 쉬신을 마지막으로 포핸드 드라이브를 위주로 하는 중국식 펜홀더도 사라지고 있다. 그리하여 이제 우리는 그런 경이로운 풋워크를 더이상 볼 수 없게 되었다. 어느새 한 시대가 끝나버린 것이다.

탁구의 나라들이
그에게서 탁구를 배웠다
_____

○

트롤스 뫼르고드라는 스웨덴의 젊은 선수가 있다. 2002년생이다. 스티가의 신제품 육각 블레이드 사이버셰이프를 들고 지난 21 휴스턴 세계선수권에서 준우승을 했다. 우승은 판젠동. 또한 트롤스는 임종훈과의 16강전에서 경기가 잘 안 풀리자 라켓을 상대 쪽으로 집어던지는 나쁜 매너로도 눈길을 끌었다. (잘했다, 판젠동.)

그리고 또하나, 트롤스가 눈길을 끈 것은 독특한 그립이다. 일반적인 셰이크핸드 그립은 검지를 러버 위로 올려서 잡는다. 트롤스의 그립은 검지를 러버 위로 올리지 않고 러버 아래 목판 부분을 감싸고 있다. 셰이크핸드 라켓을 처음 잡아보는 초보자들이나 대체로 이렇게 잡는다. 그러면 옆에서 친절하게들 알려줄 거다. 어허, 셰이크 그립은 그렇게 잡는 거 아니에요.

트롤스의 이 그립은 백핸드에, 특히 백핸드 펀치에 유용하다고 알려져 있다. 우리에게는 매우 생경하지만 족보가 있는 그립이다. 91 세계선수권 우승자 스웨덴의 페르손이 이런 그립을 사용했다. 그리고 또 71 세계선수권 우승자 스웨덴의 스텔란 벵송이 이런 그립을 사용했다.

스텔란 벵송이 처음으로 이 그립을 사용한, 혹은 이 그립을 사용해서 유명해진 최초의 선수다. 하여 이 그립에는 스웨디시 그립이라는 명칭이 붙었다. 논스웨디시로는 거의 유일하게 15 세계선수권 준우승자 퐝보가 이런 그립을 사용했다. 퐝보의 경우에는 백핸드에서만 이 그립을 사용했고 포핸드에서는 일반적인 그립으로 전환했다.

요르겐 페르손이 91 세계선수권에서 우승할 때 스텔란 벵송이 스웨덴 국대의 코치였다. 페르손은 현재 트롤스가 있는 스웨덴 국대의 헤드코치로 있다. 또한 스텔란 벵송은 21 휴스턴 세계선수권에 즈음하여 개인 코치로 트롤스를 단기간 지도하기도 했다.

스웨덴 탁구는 발트너와 페르손이 전성기에 접어들면서 89년부터 세계선수권대회 단체전 3연패를 달성했다. 발트너와 페르손은 단식에서도 89년과 91년에 연이어 결승에 올라 우승, 준우승을 번갈아가며 했다. 이 시기 탁구 최강국은 중국이 아니라 스웨덴이었다.

93 세계선수권 남단 결승 진출자는 프랑스의 가티엥과 벨기에의 세이브였다. 중국 남자탁구가 연이은 세 번의 세계선수권 단식에서 단 한 명도 결승에 오르지 못한 거다.

중국 탁구가 가장 초라해진 시기였다. 이는 팔십년대 중반 세계 1위를 찍었던 장지아량으로 대표되는 펜홀더 숏핌플 전진속공 전형의 한계라고 해석될 수도 있다. 셰이크핸드 전형의 백핸드 드라이브가 발전하면서 상대적으로 백핸드가 약한 펜홀더 전형의 단점이 부각된 거다.

그래서 중국 탁구에서도 전략적으로 셰이크핸드 전형과 중국식 펜홀더의 이면 타법으로 눈을 돌리게 된다. 하여 이즈음에는 유학이랄지, 연수랄지 스웨덴으로 탁구를 배우러 갔다.

유남규도 갔고, 김택수도 갔다. 홍차옥 등등도 갔다. 스웨덴의 엥비 클럽에 소속되어 각종 대회에 출전하는 식이었다. 엥비 클럽에는 발트너와 에펠그린이 있었다. 맨날 발트너와 같이 연습할 수 있었던 것이다. 중국에서는 공링후이가 혈혈단신으로 스웨덴으로 갔다. 공링후이보다 한 살 어린 류궈량이 최고의 유망주였던 시절이다.

유남규와 김택수는 펜홀더 전형이다. 스웨덴에서의 실전 경험이 많은 도움이 되었다고 나중에 밝히기도 했다. 그런데 공링후이는 셰이크핸드 전형이다. 단순히 실전 경험을 쌓은 것 이상으로 업그레이드되어 귀국했다. 이후 점차 두각을 나타내며 류궈량을 앞질러 95 세계선수권에서 우승한다. 그리고 00 올림픽에서도 금메달을 따냈다.

공링후이에 앞서 마웬거, 왕타오 등이 중국 셰이크핸드의 선발 주자들이었지만 이들은 세계를 장악하지 못했다. 공링후이가 셰이크핸드 전형으로는 중국 최초로 세계선수권에서, 또 올림픽에서 우승한 선수였다. 공링후이로부터 왕리친, 장지커, 마롱, 판젠동으로 중국 탁구는 셰이크핸드를 들고 점점 더 높은 곳으로 올라갔다. 류귀량, 마린, 왕하오, 쉬신은 중펜을 들었다만.

스웨덴 탁구가 한중에 기여한 바가 또 있다. 스웨덴의 엥비 클럽에서 안재형과 자오즈민의 애끓는 상황을 알게 되었다. 한중 수교가 이루어지기 전이라 이루어질 수 없는 사랑이었다. 엥비 클럽에서는 88올림픽 이후 은퇴한 자오즈민을 플레잉코치로 스카우트했다. 당시 중국 국대는 은퇴 후라도 일정 기간 동안 선수 자격으로는 출국 금지인지라 머리를 쓴 거였다. 안재형과 자오즈민은 스웨덴으로 가서 혼인신고를 했다.

스웨덴 탁구는 놀랍게도 일본 탁구로부터 배웠다. 54 런던 세계선수권 우승자였던 오기무라 이치로는 은퇴 후 스웨덴에 코치로 초빙되었다. 쪼잔하기 이를 데 없는 일본 탁구협회는 기술 유출이라며 반대했지만 오기무라는 그 정도의 유출로 문제가 된다면 그거야말로 문제라며 가볍게 무시하고 스웨덴으로 향했다.

오기무라는 열 달 동안 스웨덴에 머물며 엘리트 선수들을 모아 코칭했고, 또한 스웨덴 전역의 클럽을 돌며 코칭했다. 일본으로 돌아온 후 68년에 본인의 탁구 클럽으로 스웨덴 선수들을 초청하기도 했다. 그들 중 한 명이 트롤스를 가르친 페르손을 가르친 스텔란 벵송이다.

열여섯 살의 스텔란 벵송은 일본에 머문 삼 개월 동안 오기무라로부터 개인 훈련을 받았다. 그게 자신의 인생을 바꾸었다고 나중에 말했다. 그도 그럴 것이 그 열여섯 소년은 그 삼 개월의 훈련을 자양분으로 그로부터 삼 년 뒤에 세계선수권 우승자가 되었다.

오기무라는 중국에도 갔다. 홍군 시절부터 탁구를 좋아했던 저우언라이 총리가 62년에 오기무라를 초청했다. 이미 61 세계선수권 우승자였던 주앙저동은 후에 오기무라로부터 실로 많은 것을 배웠다고 말했다.

오기무라는 64년에 한국에도 왔다. 아시아선수권을 대비하여 초빙되었다. 오기무라는 한국 여자 주니어들의 자질이 뛰어나다며 오 년, 십 년 사이에 세계를 제패할 것 같다고 말했다.

73 사라예보 제패로 시한 딱 맞춰서 예언이 적중되었다. 그에게 탁구를 배운 나라들이 탁구의 나라가 되었다. 탁구의 나라들이 그에게서 탁구를 배웠다.

71 나고야 세계선수권 때 오기무라는 문화혁명 시절 국제무대를 떠났던 중국 탁구를 다시 불러들이기 위해 저우언라이 총리에게 대회 참가를 부탁했다. 이때 중국의 대회 참가로 미,중 간의 핑퐁외교가 이루어진다.

〈코리아〉라는 탁구 영화가 있다. 91 지바 세계선수권에서의 남북 단일팀을 소재로 했다. 배두나와 하지원이 북의 리분희와 남의 현정화로 나왔다. 이 시기의 ITTF 회장이 오기무라다. 87년부터 94년까지 ITTF 회장을 역임했다. 오기무라의 주도로 재임중에 말 많고 탈 많은 스피드글루 금지 결의가 이루어지기도 했다.

91 세계선수권을 앞두고 오기무라는 스무 번 방한, 열다섯 번 방북하며 남북 단일팀을 꾸리는 데 힘을 보탰다. 또한 대회 기간중에 남북이 충돌할 때마다 중재하곤 했다. 남의 일에 왜

그리 열심히 하냐 묻자 그는 만약 2차대전 후 일본이 분할되었다면 자신은 일본의 재통일을 위해 노력했을 거라고 대답했다고 한다.

이 대회 여자 단체전에서 우리 단일팀은 중국을 이기고 우승했다. 75년 이후 중국이 세계선수권 여자단체전에서 우승하지 못한 유일한 경우다. 시상식장에 국기 대신 한반도를 그린 단일기가 올라갔다. 국가 대신 아리랑이 울려퍼졌다.

오기무라는 54년 런던 세계선수권에서 우승했다. 당시 2차대전의 적국이었던 일본의 선수에 대한 런던의 시선은 싸늘했다. 대회 기간중 대회장에서도 시내에서도 공공연하게 차별을 받았다고 한다. 연습 좀 하려고 하면 조명 꺼버리고, 레스토랑 가도 밥도 안 주고 나가라 하고……

이 경험은 오기무라에게 충격으로 다가왔다. 이런 경우 그 자신도 차별주의자가 되기도 하지만 극소수의 훌륭한 사람들은 차별을 없애려고 노력한다. 탁구로 차이와 분열과 이념을 넘어서려고 노력한 오기무라는 후자로 보인다. 오기무라는 작은 플라스틱 공에 과거의 갈등을 극복하는 힘이 있다고 믿었다. 머나먼 스웨덴으로, 사회주의 중국으로, 과거사의 부담이 있는 한국으로 어디든 가서 탁구를 가르치고, 탁구를 통한 외교적 화해에 힘을 쏟았던 오기무라의 신념은 이렇게 요약될 수 있을 거다. 일단 만나서 탁구를 치자. 남북한이든, 미국, 중국이든.

나가며

탁구를 테마로 한 작품이 많지 않다. 그중 추천할 만한 작품이라면 단연 마츠모토 타이요의 〈핑퐁〉이라고 생각한다. 애니메이션으로도 영화로도 만들어졌다. 개인적으로는 만화가 가장 괜찮았다.

그리고 또, 탁구에 관한 다른 어떤 작품들보다 훌륭한 건 이 책일 거다. 『탁구를 읽자』. 이렇게 우리, 탁구를 읽자.

탁구를 읽자

ⓒ 박현욱 2025

초판 1쇄 인쇄 2025년 7월 23일
초판 1쇄 발행 2025년 7월 31일

지은이 박현욱
펴낸이 김민정

책임편집 유성원
편집 권현승 정가헌
디자인 한혜진
저작권 박지영 형소진 주은수 오서영 조경은
마케팅 정민호 박치우 한민아 이민경 박진희 황승현 김경언
브랜딩 함유지 박민재 이송이 박다솔 조다현 김하연 이준희
제작 강신은 김동욱 이순호
제작처 영신사

펴낸곳 (주)난다
출판등록 2016년 8월 25일 제406-2016-000108호
주소 10881 경기도 파주시 회동길 210
전자우편 nandatoogo@gmail.com **페이스북** @nandaisart **인스타그램** @nandaisart
문의전화 031-955-8865(편집) 031-955-2689(마케팅) 031-955-8855(팩스)

ISBN 979-11-94171-75-1 03810

○ 이 책의 판권은 지은이와 (주)난다에 있습니다.
○ 이 책 내용의 전부 또는 일부를 재사용하려면 반드시 양측의 서면 동의를 받아야 합니다.
○ 난다는 (주)문학동네의 계열사입니다.
○ 잘못된 책은 구입하신 서점에서 교환해드립니다.
  기타 교환 문의: 031-955-2661, 3580